Textes : Gaëlle Bommert
Ouvrage dirigé par Lea Mariani
Conception graphique : Monika Jakopetrevska
Couverture : Emmanuel Pinchon

34-36, rue La Pérouse
75116 Paris
www.hugoetcie.fr

ISBN : 9782755691207
Dépôt légal : octobre 2021
Imprimé en Chine

Vous souhaitez vous rappeler les petits bonheurs de la vie, apprécier les choses simples, qui mettent tant de baume au cœur ? Cette éphéméride vous accompagnera chaque jour : une citation, une recette bien-être, un petit plaisir du quotidien, une idée cadeau à offrir ou à s'offrir, des paroles de chanson, ou tout simplement une phrase qui vous fera sourire... Il n'y a pas de meilleur moyen de débuter ou de terminer la journée : posée sur votre table de nuit ou votre bureau, elle vous fera découvrir ce que nous vous avons réservé pour chaque jour de l'année !

POUR CETTE NOUVELLE
ANNÉE, NOUS VOUS OFFRONS
UN VERBE QUI VOUS OUVRIRA
DE BELLES OPPORTUNITÉS.
IL VOUS RESTERA À L'UTILISER
AU PRÉSENT ET AU FUTUR
PROCHE DÈS QUE POSSIBLE.
CE VERBE, C'EST
« OSER » !

1er
JANVIER

8h44 17h04

Jour de l'an

VOTRE MEILLEUR ATOUT ? VOUS ÊTES UNIQUE !

2

JANVIER

☀ 8h44 ☀ 17h05

St Basile

L'UNE DES ANAGRAMMES DE « MATIÈRE À CONTREDIRE » EST « RÉCRÉATION À MÉDITER ».

3

JANVIER

☀ 8h44 ☀ 17h06

Ste Geneviève

« AVOIR LA FOI,
C'EST MONTER LA PREMIÈRE
MARCHE, MÊME QUAND
ON NE VOIT PAS TOUT
L'ESCALIER. »

MARTIN LUTHER KING (1929–1968)

4

JANVIER

8 h 44 17 h 07

St Odilon

POUR GAGNER,
IL FAUT ACCEPTER
DE COMBATTRE.

5
JANVIER

8h44 17h09

St Édouard

AUJOURD'HUI,
UNE OCCASION EN OR
SE PRÉSENTE À VOUS :
VOUS AVEZ LA POSSIBILITÉ
DE PORTER LA COURONNE !
POUR CELA, RIEN DE PLUS
SIMPLE, IL VOUS FAUDRA
VOUS RÉGALER ET TOMBER
SUR LA FÈVE.

6

JANVIER

8h44 17h10

Ste Mélaine • Épiphanie

LES MOTS JUSTES SONT SOUVENT LES PLUS SIMPLES.

7

JANVIER

8h43 17h11

St Raymond

IL EXISTE UNE STRATÉGIE POUR AUGMENTER VOS CHANCES DE GAGNER AU JEU « PIERRE–FEUILLE–CISEAUX » EN VOUS BASANT SUR LES COUPS PRÉCÉDENTS DE L'ADVERSAIRE ET SA RÉGULARITÉ. LORSQU'UN JOUEUR GAGNE, IL DÉBUTE LA PARTIE AVEC LA MÊME OPTION. LORSQU'IL PERD, IL PERMUTE SON CHOIX SELON LE SCHÉMA : PIERRE, PUIS FEUILLE, PUIS CISEAUX.

8

JANVIER

8h43 17h12

St Lucien

REGARDEZ
CE QUI EST
BEAU EN VOUS
ET SOYEZ FIER
DE VOS EFFORTS.

9

JANVIER

8h43 17h13

Ste Alix

« TOUS PEUVENT ENTENDRE MAIS SEULS LES ÊTRES SENSIBLES COMPRENNENT. »

KHALIL GIBRAN (1883–1931)

10

JANVIER

8h42 17h15

St Guillaume

LE PETIT NOM
DE LA FOSSETTE
QUI SE TROUVE
AU MILIEU
DE LA LÈVRE SUPÉRIEURE
EST LE *PHILTRUM*.

11

JANVIER

8h42 17h16

St Paulin

SAVIEZ-VOUS QUE LE SIMPLE FAIT DE PENSER À UNE TASSE DE THÉ EST RÉCONFORTANT ? LORSQUE L'ON EST DÉPRIMÉ OU STRESSÉ, L'ESPRIT L'ASSOCIE À LA CHALEUR, À LA RELAXATION ET À LA CONSOLATION.

12

JANVIER

8h41 17h17

Ste Tatiana

VOS YEUX ONT EUX
AUSSI BESOIN DE FAIRE
DE LA GYMNASTIQUE : DESSINEZ
AVEC VOS YEUX DE GRANDS
CERCLES, SANS BOUGER LA TÊTE,
12 TOURS DANS UN SENS
PUIS 12 DANS L'AUTRE.
PUIS, FERMEZ LES YEUX
ET REPOSEZ-LES PENDANT
AU MOINS 30 SECONDES.

13
JANVIER

☀ 8h41 ☀ 17h19

Ste Yvette

LISTEZ CE QUI
VOUS REND HEUREUX
DANS UNE JOURNÉE
ET AJOUTEZ À CETTE
ROUTINE JOURNALIÈRE,
UN SUPPLÉMENT
DE BONHEUR.

14
JANVIER

8 h 40 17 h 20

Ste Nina

« L'ARBRE ARC-EN-CIEL »
EST UN *EUCALYPTUS DEGLUPTA*,
ORIGINAIRE DE L'ÎLE DE MINDANAO
SITUÉE AUX PHILIPPINES. SON TRONC
ARBORE DIFFÉRENTES COULEURS
CAR IL PERD EN PERMANENCE
SES ÉCORCES ET CHANGE DE COULEUR
EN VIEILLISSANT : VERT, BLEU, VIOLET,
ORANGE, MARRON... UN VÉRITABLE
ARC-EN-CIEL !

15
JANVIER

8 h 39 — 17 h 21

St Rémi

POUR BIEN
DÉMARRER LA JOURNÉE,
LEVEZ-VOUS HEUREUX
ET GARDEZ LE SOURIRE.
CELA ATTIRE
LE BONHEUR !

16
JANVIER

8 h 39 17 h 23

St Marcel

VOUS N'AVEZ PLUS
DE NOUVELLES D'UN(E) AMI(E)
QUI VOUS EST CHER(E) ?
NE RESTEZ PAS DANS L'ATTENTE
ET REPRENEZ CONTACT.
VOTRE ACTION DÉSAMORCERA
LA SITUATION OU VOUS
CONFORTERA.

17

JANVIER

8h38 17h24

Ste Roseline

METTEZ
DE LA MUSIQUE
ET DANSEZ,
C'EST BON POUR
LA SANTÉ !

18
JANVIER

8 h 37 17 h 26

Ste Prisca

VOUS AVEZ UN RÊVE OU UN PROJET EN TÊTE ? GARDEZ-LE ENCORE UN PEU SECRET AFIN DE LE PROTÉGER DES PEURS DES AUTRES, QUI POURRAIENT VOUS DÉCOURAGER. FAITES-LE MÛRIR DANS VOTRE ESPRIT ET LORSQUE VOUS ÊTES PRÊT, LANCEZ-VOUS ET ENTOUREZ-VOUS DE TOUTES LES BONNES ONDES POSITIVES.

19

JANVIER

8h36 17h27

St Marius

LE MOT JAPONAIS *UKIYO*, QUI SIGNIFIE « LE MONDE FLOTTANT », DÉSIGNE LE FAIT DE VIVRE PLEINEMENT LE MOMENT PRÉSENT, SANS PENSER AUX PROBLÈMES.

20

JANVIER

8 h 35 17 h 29

St Sébastien

NE PERDEZ
PAS EN CHEMIN
VOTRE ÂME
D'ENFANT.

21

JANVIER

8h34 17h30

Ste Agnès

L'AURICULAIRE, PETIT DOIGT DE LA MAIN, VIENT DU LATIN *AURICULARIUS*, DÉRIVÉ D'*AURICULA* « LOBE DE L'OREILLE » ET *AURIS* « OREILLE ». L'AURICULAIRE EST DONC BIEN LE PETIT DOIGT QUE L'ON PEUT METTRE DANS L'OREILLE !

22

JANVIER

☀ 8h33 ☀ 17h32

St Vincent

C'EST AUSSI
PAR LES FAILLES
QU'ENTRE
LA LUMIÈRE.

23
JANVIER

☀ 8h32 ☀ 17h33

St Barnard

« LE TEMPS QUE VOUS AVEZ AIMÉ PERDRE N'EST PAS DU TEMPS PERDU. »

JOHN LENNON (1940–1980)

24

JANVIER

8h31 17h35

St François de Sales

DEUX PERSONNES PEUVENT VOIR LA MÊME CHOSE ET POURTANT NE PAS ÊTRE D'ACCORD.

25

JANVIER

8h30 17h36

Conversion de St Paul

C'EST QUOI POUR VOUS LE GRAND BONHEUR ?

26
JANVIER

8 h 29 17 h 38

Ste Paule, Ste Pauline

C'EST SOUS
LE PSEUDONYME
DE MARY WESTMACOTT
QU'AGATHA CHRISTIE
A SIGNÉ DES ROMANS
À L'EAU DE ROSE...

27
JANVIER

8 h 28 17 h 40

Ste Angèle

N'OUBLIEZ PAS
DE REGARDER LE CIEL
AUJOURD'HUI, CAR SI VOUS
N'AVEZ PAS DÉCROCHÉ
LA LUNE, VOUS VERREZ
QU'IL VOUS RESTE
LES ÉTOILES.

28
JANVIER

8h27 17h41

St Thomas d'Aquin

LE MOT ALLEMAND *HEIMAT* DÉSIGNE UN ENDROIT (PAYS, VILLAGE OU MAISON) OÙ L'ON SE SENT VRAIMENT CHEZ SOI.

29

JANVIER

8h25 17h43

St Gildas

QUELLE ACTION POURRIEZ-VOUS RÉALISER AUJOURD'HUI ET QUI VOUS RÉJOUIRA PLUS TARD ?

30

JANVIER

8h24 17h44

Ste Martine

UNE PENSÉE NÉGATIVE OU DES SOUCIS ENVAHISSENT TOUTES VOS PENSÉES ? UNE ASTUCE POUR QUE CELA NE PRENNE PAS LE DESSUS SUR VOTRE VIE : CONSACREZ À CES PENSÉES QUELQUES MINUTES PAR JOUR À HEURE FIXE. CELA VOUS PERMETTRA, LORS D'UN TEMPS DÉDIÉ ET LIMITÉ, D'Y RÉFLÉCHIR ET DE CHERCHER DES SOLUTIONS.

31

JANVIER

8h23 17h46

Ste Marcelle

VOUS POUVEZ
LE « RESSASSER »
DANS TOUS LES SENS,
CELA NE CHANGERA
RIEN AU PROBLÈME
CAR CE MOT EST
UN VRAI PALINDROME.

1er
FÉVRIER

☀ 8h21 ☀ 17h48

Ste Ella

QUAND VOUS AVEZ
DU VAGUE À L'ÂME,
HISSEZ LES VOILES,
LARGUEZ LES AMARRES,
ALLEZ PRENDRE
UN BOL D'AIR MARIN !

2
FÉVRIER

8 h 20 17 h 49

Présentation du Seigneur

AVANT DE LE CROQUER, LISEZ BIEN LE *PETIT BEURRE* DE LU : LES QUATRE COINS REPRÉSENTENT LES QUATRE SAISONS, LES 52 DENTS SONT LES 52 SEMAINES DE L'ANNÉE ET LES 24 PETITS TROUS SONT LES 24 HEURES D'UNE JOURNÉE.

3

FÉVRIER

8h19 17h51

St Blaise

LA RESPIRATION
PROFONDE EST UN OUTIL
PUISSANT DE RELAXATION.
ELLE DIMINUE LES HORMONES
DU STRESS ET ABAISSE
LA FRÉQUENCE CARDIAQUE.

4

FÉVRIER

☀ 8 h 17 ☀ 17 h 53

Ste Véronique

LA SENSIBILITÉ
N'EST PAS
UNE FRAGILITÉ.

5
FÉVRIER

☀ 8h16 ☀ 17h54

Ste Agathe

ASTUCE DU JOUR :
POUR ÉVITER DE PERDRE VOS CITRONS, VOUS POUVEZ LES PRESSER ET CONGELER LE JUS DANS UN BAC À GLAÇONS. VOUS AUREZ AINSI DU JUS DE CITRON FRAIS TOUTE L'ANNÉE !

6
FÉVRIER

8h14 17h56

St Gaston

« VIVRE, C'EST SE RÉVEILLER
LA NUIT DANS L'IMPATIENCE
DU JOUR À VENIR,
C'EST S'ÉMERVEILLER DE
CE QUE LE MIRACLE QUOTIDIEN
SE REPRODUISE POUR NOUS
UNE FOIS ENCORE,
C'EST AVOIR DES INSOMNIES
DE JOIE. »

PAUL-ÉMILE VICTOR (1907-1995)

7

FÉVRIER

8h13 17h58

Ste Eugénie

DES CHERCHEURS
ONT DÉMONTRÉ
QUE DANS UN ZOO,
LES CHIMPANZÉS IMITENT
LES HUMAINS
AUSSI BIEN QUE
LES HUMAINS IMITENT
LES CHIMPANZÉS...

8

FÉVRIER

8h11 17h59

Ste Jacqueline

LE MOT CORÉEN *SOHWAKHAENG* DÉSIGNE UN PETIT BONHEUR SIMPLE. IL CARACTÉRISE LA JOIE DES PETITES CHOSES AU QUOTIDIEN.

9

FÉVRIER

8h10 18h01

Ste Apolline

LA SALLE D'ATTENTE EST
UN ESPACE DE PASSAGE, PRÉVU
POUR LES PERSONNES QUI ONT
PRIS UN RENDEZ-VOUS OU,
QUI ONT UNE DEMANDE PRÉCISE
EN TÊTE. SI UNE PERSONNE RESTE
DANS CETTE SALLE, SANS BUT
NI RENDEZ-VOUS, ELLE Y
RESTERA ALORS TOUTE LA JOURNÉE
ET RIEN NE SE PASSERA...

10

FÉVRIER

8h08 18h03

St Arnaud

AVANCEZ
POUR VOUS,
SANS ATTENDRE
NI QUOI, NI QUI
QUE CE SOIT.

11
FÉVRIER

☀ 8h06 ☀ 18h04

Notre-Dame de Lourdes

SAVIEZ-VOUS QUE LE SENTIMENT D'AMITIÉ SOULAGE LE STRESS ET FORTIFIE LE SYSTÈME IMMUNITAIRE ?

12

FÉVRIER

8h05 18h06

St Félix

LORS DE SA PARADE
AMOUREUSE, L'OISEAU
« MANAKIN À CUISSES JAUNES »
DANSE POUR ATTIRER LA FEMELLE.
IL VEILLE TOUT D'ABORD
QUE RIEN NE TRAÎNE
SUR SA BRANCHE (SA PISTE
DE DANSE) PUIS SE LANCE
DANS UN *MOONWALK*
ENDIABLÉ !

13

FÉVRIER

8h03 18h08

Ste Béatrice

« JE T'AIME DANS LE TEMPS. JE T'AIMERAI JUSQU'AU BOUT DU TEMPS. ET QUAND LE TEMPS SERA ÉCOULÉ, ALORS, JE T'AURAI AIMÉE. ET RIEN DE CET AMOUR, COMME RIEN DE CE QUI A ÉTÉ, NE POURRA JAMAIS ÊTRE EFFACÉ. »

JEAN D'ORMESSON (1925–2017)

14

FÉVRIER

☀ 8h03 ☀ 18h09

St Valentin

LA SEULE CHOSE
QUI EST VOUÉE
À L'ÉCHEC
EST CELLE QU'ON
NE TENTE PAS.

15
FÉVRIER

8h00 18h11

St Claude

LA NUIT
PORTANT CONSEIL...
QU'ALLEZ-VOUS
TENTER
AUJOURD'HUI ?

16
FÉVRIER

7 h 58 18 h 12

Ste Lucile

DÉTENDEZ VOS PIEDS APRÈS UNE LONGUE JOURNÉE : PRENEZ UNE BALLE DE TENNIS ET FAITES-LA ROULER SOUS LA PLANTE DE VOS PIEDS ENVIRON 30 SECONDES CHACUNE. CETTE TECHNIQUE DE MASSAGE, À PRATIQUER RÉGULIÈREMENT, VA DÉTENDRE VOTRE VOÛTE PLANTAIRE. CETTE TECHNIQUE EST AUSSI UTILISÉE PAR LES DANSEUSES ÉTOILE.

17

FÉVRIER

☀ 7h56 ☀ 18h14

St Alexis

AUJOURD'HUI,
UN VENT D'AVENTURE
VA SOUFFLER. COMMENT ?
GRÂCE À VOS ENVIES,
VOS DÉCISIONS
ET VOS ACTIONS.

18
FÉVRIER

7h54 18h16

Ste Bernadette

QUELLE PERSONNE ARRIVE À VOUS FAIRE RIRE AUX ÉCLATS ?

19

FÉVRIER

7h53 18h17

St Gabin

LE MOT ARABE *TARAB* DÉSIGNE UN SENTIMENT DE BIEN-ÊTRE, UNE ÉMOTION OU UNE EXALTATION EN ÉCOUTANT UNE POÉSIE, UNE MUSIQUE OU EN REGARDANT UNE DANSE. C'EST LE MOMENT DE COMMUNION ENTRE L'ARTISTE ET LE SPECTATEUR QUI L'EMPORTE DANS UNE PALETTE DE SENTIMENTS (JOIE, TRISTESSE, AMOUR, PASSION, ETC.).

20

FÉVRIER

7h51 18h19

Ste Aimée

CULTIVEZ
ET ENTRETENEZ
VOTRE IMAGINATION,
C'EST AVEC ELLE
QUE VOUS IREZ
PARTOUT !

21
FÉVRIER

7h49 18h21

St Pierre-Damien

« VOUS VOULEZ
LA PAIX :
CRÉEZ L'AMOUR. »

VICTOR HUGO (1802-1885)

22
FÉVRIER

☀ 7h47 ☀ 18h22

Ste Isabelle

« CAGNARDER »,
C'EST L'ACTION DE CULTIVER
SANS HONTE LA PARESSE,
L'OISIVETÉ ET L'INSOUCIANCE.
C'EST RÉUSSIR À PRENDRE
LA VIE DU BON CÔTÉ
ET À NE PAS SE METTRE
LA RATE AU
COURT-BOUILLON !

23
FÉVRIER

7h45 18h24

St Lazare

CONNAISSEZ-VOUS LE YOGA DU RIRE ? DANS CETTE PRATIQUE INDIENNE, LES PERSONNES RIENT INTENTIONNELLEMENT, SANS AVOIR RECOURS À L'HUMOUR. LE RIRE, MÊME FORCÉ ET FAIT AVEC ÉNERGIE, APPORTE AUTANT DE BIENFAITS QU'UN RIRE SPONTANÉ.

24
FÉVRIER

☀ 7h43 ☀ 18h25

St Modeste

PAR TEMPS DE PLUIE,
ALLEZ FAIRE UN TOUR
SUR INTERNET POUR REVOIR
EN VIDÉO LE PASSAGE DU FILM
SINGIN' IN THE RAIN (1953)
OÙ GENE KELLY CHANTE
ET DANSE SOUS LA PLUIE.
BONHEUR GARANTI !

25
FÉVRIER

7h41 18h27

St Roméo

« DEMAIN EST UN AUTRE JOUR » EST DOUBLEMENT VRAI PUISQUE CETTE EXPRESSION EST UNE TAUTOLOGIE.

26
FÉVRIER

7 h 39 18 h 29

St Nestor

CE PETIT AIR MALICIEUX QUE VOUS AVEZ AU COIN DE L'ŒIL VOUS DONNE UN AIR VRAIMENT CHARMANT !

27

FÉVRIER

7 h 37 18 h 30

Ste Honorine

« LA VIE ?
UN RIEN L'AMÈNE,
UN RIEN L'ANIME,
UN RIEN LA MINE,
UN RIEN L'EMMÈNE. »

(RAYMOND QUENEAU,
ZAZIE DANS LE MÉTRO, 1959)

28
FÉVRIER

7h36 18h32

St Romain

« ON PEUT COMPARER LA VIE
À UNE ÉTOFFE BRODÉE DONT CHACUN
NE VERRAIT, DANS LA PREMIÈRE
MOITIÉ DE SON EXISTENCE,
QUE L'ENDROIT, ET DANS
LA SECONDE, QUE L'ENVERS :
CE DERNIER CÔTÉ EST MOINS
BEAU MAIS PLUS INSTRUCTIF,
CAR IL PERMET DE RECONNAÎTRE
L'ENCHAÎNEMENT DES FILS. »

ARTHUR SCHOPENHAUER (1788–1860)

1er
MARS

7 h 34 18 h 33

St Aubin

JUS TOUT ROSE DE BETTERAVE ET CÉLERI-BRANCHE

3 BETTERAVES CRUES, 1 PIED DE CÉLERI-BRANCHE, 2 CITRONS VERTS, 100 G DE GINGEMBRE FRAIS, 1 POMME À PEAU ROUGE, 1/2 CONCOMBRE

LAVEZ À L'EAU CLAIRE TOUS LES INGRÉDIENTS (BIO). ÔTEZ LA PEAU DES CITRONS VERTS ET COUPEZ TOUS LES INGRÉDIENTS EN PETITS MORCEAUX. AJOUTEZ-LES DANS UN EXTRACTEUR À JUS. DÉGUSTEZ.

2

MARS

7h32 18h35

St Charles le Bon

VOTRE SUPER POUVOIR, C'EST D'ÊTRE VOUS-MÊME !

3

MARS

7h30 18h37

St Guénolé

POUR VOUS ÉPARGNER
DU STRESS
ET DES FRUSTRATIONS,
FAITES DES PLANS
RÉALISTES ET FIXEZ-VOUS
DE PETITS OBJECTIFS.

4

MARS

7h28 18h38

St Casimir

QUELS SONT
LES MEILLEURS
CONSEILS QUE VOUS
AYEZ REÇUS DANS
VOTRE VIE ?

5
MARS

☀ 7 h 26 ☀ 18 h 40

Ste Olive

« JE CROIS FERMEMENT QU'AU MILIEU DE TOUTE LA DÉTRESSE, LA NATURE PEUT EFFACER BIEN DES TOURMENTS. »

ANNE FRANK (1929–1945)

6

MARS

☀ 7h24 ☀ 18h41

Ste Colette

IL A ÉTÉ DÉMONTRÉ
QUE LES PERSONNES
QUI LISENT BEAUCOUP
DE ROMANS DE FICTION
GÈRENT PLUS FACILEMENT
LES SITUATIONS DIFFICILES
ET COMPRENNENT MIEUX
LES SENTIMENTS
DES AUTRES.

7

MARS

7h22 18h43

Ste Félicité

QUELLE CHANSON ILLUSTRE LE MIEUX VOTRE HUMEUR DU JOUR ?

8

MARS

7h19 18h44

St Jean de Dieu

S'IL Y A
UN PROBLÈME
C'EST QU'IL Y A AUSSI
UNE SOLUTION.

9
MARS

7h17 18h46

Ste Françoise

PRENEZ LE TEMPS D'IDENTIFIER L'ESSENTIEL ET METTEZ LE RESTE DE CÔTÉ.

10
MARS

7h15 18h48

St Vivien

« LE TALENT
ÇA N'EXISTE PAS.
LE TALENT, C'EST D'AVOIR
ENVIE DE FAIRE
QUELQUE CHOSE. »

JACQUES BREL (1929–1978)

11
MARS

7h13 18h49

Ste Rosine

N'AYEZ PAS PEUR DE SUIVRE VOTRE INTUITION, ELLE EST SOUVENT DE BON CONSEIL.

12

MARS

7h11 18h51

Ste Justine

LE MOT ESPAGNOL *SOBREMESA* DÉSIGNE LE MOMENT DE DÉTENTE, JUSTE APRÈS LE REPAS, OÙ L'ON S'ATTARDE AUTOUR DE LA TABLE, À PARLER ET À ÉCHANGER AVEC SA FAMILLE OU SES AMIS.

13

MARS

7h09 18h52

St Rodrigue

UNE ASTUCE POUR SAUVER UN PLAT QUE VOUS AVEZ TROP ÉPICÉ : AJOUTEZ À VOTRE PRÉPARATION UN PEU DE CRÈME FRAÎCHE OU DU LAIT, ANIMAL OU VÉGÉTAL.

14
MARS

7h07 18h54

Ste Mathilde

N'ATTENDEZ PAS
QUE TOUT SOIT
PARFAIT POUR
COMMENCER QUELQUE
CHOSE DE BIEN.

15
MARS

7h05 18h55

Ste Louise

ET SI L'ÉCHEC N'ÉTAIT FINALEMENT QUE L'OPPORTUNITÉ DE RECOMMENCER DIFFÉREMMENT ?

16

MARS

7h03 18h57

Ste Bénédicte

AVEZ-VOUS REMARQUÉ QUE LES PLUS BELLES CHOSES DE LA VIE SONT GRATUITES ?

17

MARS

7h01 18h58

St Patrick

OUVREZ GRAND
LES YEUX ET LE CŒUR,
L'AMOUR EST NICHÉ
PARTOUT.

18
MARS

☀ 6h59 ☀ 19h00

St Cyrille

AVANT DE DOSER
UNE ACTION,
OSEZ LA FAIRE !

19
MARS

☀ 6h57 ☀ 19h01

St Joseph

« LE PRINTEMPS EST LA FAÇON DONT LA NATURE DIT : FAISONS LA FÊTE ! »

ROBIN WILLIAMS (1951–2014)

20

MARS

6h55 19h03

Printemps • St Herbert

LA VITESSE
DE CROISIÈRE
D'UNE ÉTOILE FILANTE
EST EN MOYENNE
DE 42 KM
PAR SECONDE.

21
MARS

6h52 19h04

Ste Clémence

POUR NE PAS OUBLIER DE BOIRE SUFFISAMMENT D'EAU DANS UNE JOURNÉE, VOUS POUVEZ RÉPARTIR VOTRE APPORT PAR MOMENT : 2 VERRES D'EAU AU RÉVEIL POUR NETTOYER L'ORGANISME, 2 VERRES ENTRE LES REPAS POUR RESTER HYDRATÉ, 1 VERRE JUSTE AVANT LE REPAS POUR AIDER À LA DIGESTION ET 1 VERRE AVANT DE DORMIR.

22

MARS

6h50 19h06

Ste Léa

AUJOURD'HUI, VOUS ÊTES BIEN PLUS PRÊT QU'HIER.

23

MARS

6h48 19h07

St Victorien

DANS LA MYTHOLOGIE GERMANIQUE, LES LIBELLULES SONT ASSOCIÉES À LA DÉESSE FREYJA, DÉESSE ET MESSAGÈRE DE L'AMOUR.

24

MARS

6h46 19h09

Ste Catherine de Suède

CERTAINS OBJETS
QUI ENTOURENT NOTRE QUOTIDIEN
ONT DE VÉRITABLES POUVOIRS
MAGIQUES. LEUR PRÉSENCE JOUE
UN RÔLE BIENFAITEUR
ET RASSURANT. ON AIME
LES CONTEMPLER ET ON
NE PEUT SE SÉPARER D'EUX.
POSSÉDEZ-VOUS UN OBJET
QUI A CE POUVOIR ?

25
MARS

6h44 19h10

St Humbert

« L'ÂGE N'EST RIEN D'AUTRE QUE CE QUE VOUS EN PENSEZ. VOUS ÊTES AUSSI VIEUX QUE VOUS ESTIMEZ L'ÊTRE. »

MOHAMED ALI (1942–2016)

26

MARS

6h42 19h12

Ste Larissa

DOUBLEZ
VOTRE BONHEUR
EN LE PARTAGEANT
AVEC UN PROCHE.

27
MARS

6h40 19h13

St Habib

« PLUS TARD », N'EST-CE PAS TROP TARD ?

28
MARS

☀ 6h38 ☀ 19h15

St Gontran

AMUSEZ-VOUS,
CHAQUE JOUR PENDANT UN MOIS,
À RÉALISER UN DESSIN.
COMMENCEZ PAR UN DESSIN
TOUT SIMPLE (UN FRUIT,
UN OBJET OU UN ACCESSOIRE).
À LA FIN DU MOIS, VOUS VERREZ
VOTRE PROGRESSION
ET PEUT-ÊTRE L'ENVIE
DE CONTINUER.

29
MARS

7h36 20h16

Ste Gladys

QUEL EST
LE COMPLIMENT
QUE VOUS AIMERIEZ
QUE L'ON VOUS FASSE
AUJOURD'HUI ?

30
MARS

7h33 20h18

St Amédée

« LA TENDRESSE A DES SECONDES QUI BATTENT PLUS LENTEMENT QUE LES AUTRES. »

ROMAIN GARY (1914–1980)

31

MARS

7 h 31 20 h 19

St Benjamin

LES MESSAGES D'ERREUR (CÔTÉ CLIENT) LES PLUS COURANTS EN INFORMATIQUE SONT 403, « *FORBIDDEN* », ET 404, « *NOT FOUND* ». L'ERREUR 418, « *I'M A TEAPOT* » (« JE SUIS UNE THÉIÈRE »), A ÉTÉ CRÉÉE EN 1998 POUR UN 1ER AVRIL, MAIS A ÉTÉ CONSERVÉE DANS LA LISTE OFFICIELLE DES « CODES D'ÉTAT ».

1er
AVRIL

☀ 7h29 ☀ 20h21

St Hugues

RECETTE DE SAISON :
ASPERGES AUX CACAHUÈTES

FAITES CUIRE LES ASPERGES À LA VAPEUR.
EN PARALLÈLE, PRÉPAREZ LA SAUCE
AVEC LES INGRÉDIENTS SUIVANTS :

3 C. À SOUPE D'HUILE DE TOURNESOL
3 C. À SOUPE DE JUS DE CITRON BIO
2 C. À SOUPE DE SAUCE SOJA
1 PINCÉE DE SUCRE
100 G DE CACAHUÈTES HACHÉES,
GRILLÉES ET NON SALÉES

DRESSEZ VOS ASPERGES DANS UNE ASSIETTE
PUIS RÉPARTISSEZ LA SAUCE PAR-DESSUS.

2
AVRIL

7 h 27 20 h 22

Ste Sandrine

« UN PEU DE FOLIE
EST NÉCESSAIRE
POUR FAIRE
UN PAS DE PLUS. »

PAULO COELHO (1947)

3
AVRIL

7 h 25 20 h 24

St Richard

L'UNE DES ANAGRAMMES DE « ALBERT EINSTEIN » EST « RIEN N'EST ÉTABLI ».

4
AVRIL

7 h 23 20 h 25

St Isidore

« MUSARDER », C'EST FLÂNER
LE LONG DES CHEMINS OU
S'ENGAGER À FAIRE DES DÉTOURS.
C'EST AUSSI S'ATTARDER SUR
LES ÉTALAGES D'UN MARCHÉ
OU DEVANT LES VITRINES
DES MAGASINS. C'EST RÊVASSER
EN SE PROMENANT OU PERDRE
SON TEMPS À DES PETITS RIENS,
ET CELA FAIT DU BIEN !

5

AVRIL

7 h 21 20 h 27

Ste Irène

VOUS ÊTES
SUR LA BONNE VOIE
SI VOUS N'AVEZ PLUS
ENVIE DE VOUS
RETOURNER.

6

AVRIL

7 h 19 20 h 28

St Célestin

LE MOT TURC
YAKAMOZ DÉSIGNE
LE REFLET DU CLAIR
DE LUNE SUR L'EAU.

7
AVRIL

7h17 20h30

St Jean-Baptiste de La Salle

LES FRUITS DU MOIS D'AVRIL SONT : CITRON, KIWI, ORANGE, PAMPLEMOUSSE, POMÉLO, POMME, NOISETTE ET NOIX.

8

AVRIL

☀ 7h15 ☀ 20h31

Ste Julie

« LA VIE
EST UNE FLEUR.
L'AMOUR EN EST
LE MIEL. »

VICTOR HUGO (1802–1885)

9
AVRIL

☀ 7h13 ☀ 20h33

St Gauthier

LA RECETTE
POUR AVOIR UNE
BONNE MINE ET
UN TEINT ILLUMINÉ,
C'EST DE FAIRE CE
QUE VOUS AIMEZ !

10

AVRIL

7 h 11 20 h 34

St Fulbert

N'OUBLIEZ PAS QUE,
CE N'EST PAS PARCE QUE
LES CHOSES N'ARRIVENT
PAS MAINTENANT
QU'ELLES N'ARRIVERONT
JAMAIS.

11

AVRIL

7h09 20h36

St Stanislas

CHAQUE FIN ANNONCE UN NOUVEAU DÉPART.

12
AVRIL
7 h 07 20 h 37
St Jules

PRENEZ LE TEMPS D'ENCHANTER VOTRE QUOTIDIEN ET FAITES EN SORTE QUE CELA DEVIENNE UN ART DE VIVRE : ACHETEZ OU CUEILLEZ DES FLEURS FRAÎCHES, FAITES-VOUS PLAISIR TOUS LES JOURS, ACHETEZ DU BON PAIN, PRÉPAREZ-VOUS DE BONS PETITS PLATS, SORTEZ, AMUSEZ-VOUS, RIEZ...

13

AVRIL

7h05 20h39

Ste Ida

POUR SUBLIMER VOS CAROTTES RÂPÉES, RÉALISEZ UNE VINAIGRETTE DE CHEF :

2 CITRONS VERTS, 2 C. À SOUPE DE MIEL, 5 À 6 C. À SOUPE D'HUILE D'OLIVE, FLEUR DE SEL, POIVRE

DANS UN BOL, METTEZ LE JUS DES CITRONS VERTS. DISSOLVEZ LA FLEUR DE SEL ET MÉLANGEZ. AJOUTEZ LE MIEL, PUIS L'HUILE D'OLIVE. VERSEZ LA SAUCE SUR LES CAROTTES ET POIVREZ.

14

AVRIL

☀ 7 h 03 ☀ 20 h 40

St Maxime

LE MOT HAWAÏEN
PANA PO'O DÉSIGNE
LE FAIT DE SE GRATTER
LA TÊTE POUR
SE SOUVENIR
DE QUELQUE CHOSE.

15
AVRIL

7 h 01 20 h 42

St Paterne

CONSACREZ 5 À 10 MIN. PAR JOUR
À TONIFIER VOTRE CORPS
ET RENFORCER VOS ABDOMINAUX. FAITES
LA POSITION DE LA PLANCHE :
VOS AVANT-BRAS ET VOS ORTEILS
TOUCHENT LE SOL. MAINTENEZ VOTRE
CORPS DROIT ET BIEN CONTRACTÉ
POUR FORMER UNE LIGNE DROITE, TÊTE
DÉTENDUE ET LES YEUX VERS LE SOL.
INSPIREZ ET EXPIREZ LONGUEMENT.
TENEZ 30 SECONDES ET AUGMENTEZ
LE TEMPS LES JOURS SUIVANTS.

16
AVRIL

6 h 59 · 20 h 43

St Benoît-Joseph

AUJOURD'HUI,
FAITES UN TOUR
DE MAGIE TRÈS SIMPLE
EN FAISANT DISPARAÎTRE
LE CHOCOLAT !

17
AVRIL

6h57 20h45

Pâques • St Anicet

SAVIEZ-VOUS QUE L'ŒUF DE POULE EST MARQUÉ D'UN NUMÉRO SUR SA COQUILLE ? LE 3 POUR UNE POULE ÉLEVÉE EN BATTERIE, LE 2 ÉLEVÉE AU SOL, LE 1 ÉLEVÉE EN PLEIN AIR, ET LE 0 ÉLEVÉE EN PLEIN AIR, EN AGRICULTURE BIOLOGIQUE.

18

AVRIL

6 h 55 20 h 46

Lundi de Pâques • St Parfait

L'« AMÉNITÉ »
DÉSIGNE UN CARACTÈRE
AGRÉABLE ET LES QUALITÉS
DE CŒUR D'UNE PERSONNE.
CELA DÉSIGNE AUSSI
UN CLIMAT OU UN PAYSAGE
AGRÉABLE, UN LIEU
OÙ RÈGNE LA DOUCEUR
DE VIVRE.

19
AVRIL

6 h 53 20 h 48

Ste Emma

LA CHUTE
N'EST PAS UN ÉCHEC,
ELLE LE DEVIENDRA
SEULEMENT SI VOUS
RESTEZ LÀ OÙ VOUS
ÊTES TOMBÉ.

20
AVRIL

6 h 51 20 h 49

Ste Odette

« LE VRAI BONHEUR
EST CELUI QUE
LES AUTRES NE VOIENT
PAS, ET DONC
N'ENVIENT PAS. »

DAVID FOENKINOS (1974)

21
AVRIL

6h49 20h51

St Anselme

REMPLACEZ LA PHRASE « JE SUIS INCAPABLE DE FAIRE ÇA » PAR « COMMENT PUIS-JE RÉUSSIR ? ».

22

AVRIL

6 h 47 20 h 52

St Alexandre

DANS VOTRE RECETTE DE FOCACCIA, AVANT DE L'ENFOURNER, DÉCOREZ LE DESSUS PAR DES BRINS DE FEUILLES DE MARJOLAINE OU DE CALOUPILÉ DE DIFFÉRENTES HAUTEURS, POUR OBTENIR UN PAYSAGE VÉGÉTAL, COMME UNE FORÊT.

23

AVRIL

☀ 6h45 ☀ 20h54

St Georges

SAVIEZ-VOUS QUE
LES RASSEMBLEMENTS D'ESPÈCES
ONT LEURS PROPRES DÉSIGNATIONS ?
ON DIT « UNE FLAMBOYANCE
DE FLAMANTS »,
« UN NUAGE DE SAUTERELLES »,
« UNE ASSEMBLÉE DE BABOUINS »,
« UN PARLEMENT DE HIBOUX »,
OU ENCORE « UN MURMURE
D'ÉTOURNEAUX ».

24
AVRIL

6 h 43 20 h 55

St Fidèle

« GARDEZ LE SOURIRE CAR LA VIE EST UNE BELLE CHOSE ET IL Y A TELLEMENT DE CHOSES À SOURIRE. »

MARILYN MONROE (1926–1962)

25

AVRIL

6h42 20h57

St Marc

N'AYEZ PAS PEUR
DE SAISIR
DES OCCASIONS.
VOTRE AUDACE
PAIERA !

26
AVRIL

6 h 40 20 h 58

Ste Alida

QUELLE CHANSON VOUS DONNE L'IRRÉSISTIBLE ENVIE DE DANSER À CHAQUE FOIS QUE VOUS L'ENTENDEZ ?

27
AVRIL

6h38 21h00

Ste Zita

S'IL RESTE DES PÉTALES DE FLEURS DE VOTRE BOUQUET FANÉ, METTEZ-LES DANS UN BOCAL TRANSPARENT. VOUS POURREZ AINSI CONTEMPLER LEURS JOLIES COULEURS PASSÉES.

28

AVRIL

6h36 21h01

Ste Valérie

EN ALABAMA,
AUX ÉTATS-UNIS,
IL EST ILLÉGAL DE PORTER
À L'ÉGLISE UNE FAUSSE
MOUSTACHE QUI PUISSE
CAUSER DES RIRES...

29

AVRIL

6 h 34 21 h 02

Ste Catherine de Sienne

SIMPLIFIEZ-VOUS
LA VIE, PRENEZ LE TEMPS
DE PRÉPARER VOS VÊTEMENTS
LA VEILLE. CELA VOUS
PERMETTRA DE COMMENCER
LA JOURNÉE DU LENDEMAIN
PLUS SEREINEMENT, SANS AVOIR
À COURIR OU À CHERCHER
QUOI QUE CE SOIT.

30
AVRIL

6h33 21h04

St Robert

« LE PREMIER MAI C'EST PAS GAI,
JE TRIME A DIT LE MUGUET,
DIX FOIS PLUS QUE D'HABITUDE,
REGRETTABLE SERVITUDE.
MUGUET, SOIS PAS CHICANEUR,
CAR TU DONNES DU BONHEUR.
PAS CHER À TOUT UN CHACUN.
BRIN DE MUGUET,
TU ES QUELQU'UN. »

(GEORGES BRASSENS,
DISCOURS DES FLEURS)

1er
MAI

6h31 21h05

Fête du Travail • St Jérémy

LA COULEUR ROUGE
INCARNE LE DYNAMISME
ET LA PASSION.

2
MAI

6h29 21h07

St Boris

RECETTE POUR LA LESSIVE MAISON :

1 L D'EAU

1 C. À SOUPE DE BICARBONATE DE SOUDE

30 G DE SAVON DE MARSEILLE EN PAILLETTES

VERSEZ DANS 1 LITRE D'EAU FRÉMISSANTE, 30 G DE PAILLETTES DE SAVON DE MARSEILLE.

MÉLANGEZ JUSQU'À CE QUE LE SAVON SOIT FONDU. AJOUTEZ 1 C. À SOUPE DE BICARBONATE DE SOUDE, MÉLANGEZ PUIS LAISSEZ REFROIDIR AVANT DE METTRE EN BOUTEILLE.

3

MAI

6h28 21h08

St Philippe, St Jacques

« LE BONHEUR, C'EST DE CONTINUER À DÉSIRER CE QU'ON POSSÈDE. »

SAINT AUGUSTIN
(354–430 AP. J.-C.)

4
MAI

6h26 21h10

St Sylvain

CETTE ANNÉE, VOUS POURRIEZ
REMPLACER LE PAPIER CADEAU
PAR DES *FUROSHIKI* ?
CETTE TECHNIQUE JAPONAISE
CONSISTE À EMBALLER DIVERS
OBJETS AVEC UN TISSU.
VOUS TROUVEREZ DES TUTORIELS
SUR INTERNET POUR VISUALISER
LA TECHNIQUE DU PLIAGE
ET DU NOUAGE. EN PLUS,
C'EST RÉUTILISABLE.

5

MAI

6h24 21h11

Ste Judith

N'OUBLIEZ PAS L'ENFANT
QUI EST EN VOUS.
IL VEILLE À CE QUE
VOUS RÉALISIEZ SES RÊVES.

6

MAI

6 h 23 21 h 13

Ste Prudence

POUR UN INTERLUDE PRINTANIER, ÉCHAPPEZ-VOUS, NEZ AU VENT...

7

MAI

6h21 21h14

Ste Gisèle

ENSOLEILLER
LA VIE DES AUTRES,
C'EST S'ÉCLAIRER
SOI-MÊME.

8

MAI

6h20 21h15

Victoire 1945 • St Désiré

SOYEZ
FIER DE VOUS.

9
MAI

6h18 21h17

St Pacôme

SI VOUS AIMEZ LES DEVINETTES, ALORS VOUS AIMEREZ LA VIE.

10

MAI

6h16 21h18

Ste Solange

FABRIQUEZ DES PRÉSENTS POUR CEUX QUE VOUS AIMEZ. PAR EXEMPLE, PERSONNALISEZ UNE TABLETTE DE CHOCOLAT EN CRÉANT UN NOUVEL EMBALLAGE. RETIREZ LE PACKAGING DE LA TABLETTE EN GARDANT UNIQUEMENT LE PAPIER ALUMINIUM DU CHOCOLAT. RECOUVREZ D'UNE CRÉATION PERSONNELLE ET REFERMEZ AVEC UNE JOLIE ATTACHE.

11

MAI

6h15 21h20

Ste Estelle

LA BELLE SAISON DES VIDE-GRENIERS EST OUVERTE !

12
MAI

☀ 6h14 ☀ 21h21

St Achille

PRENEZ LE TEMPS
DE VOUS RAPPELER
VOS TOUTES
PREMIÈRE FOIS.

13

MAI

6h12 21h22

Ste Rolande

LA COULEUR VERTE SYMBOLISE L'ESPOIR ET L'OPTIMISME.

14

MAI

6h11 21h24

St Matthias

METTEZ VOS PIEDS AU VERT.
UN BOUT DE PELOUSE
EN CHEMIN EST L'OCCASION
D'ÔTER VOS SOULIERS
ET D'Y GLISSER VOS DOIGTS
DE PIEDS NUS DANS L'HERBE
FRAÎCHE. C'EST AINSI
QUE VOUS PRENDREZ
UNE BONNE DOSE
DE VITAMINE G !

15

MAI

6 h 09 21 h 25

Ste Denise

AVEC DU PAPIER
ET DES IDÉES,
VOUS POUVEZ ACCOMPLIR
DES MERVEILLES !

16

MAI

6h08 21h26

St Honoré

VOTRE SOURIRE
ET VOS ÉCLATS DE RIRE,
C'EST COMME
UN SOLEIL...

17
MAI

6 h 07 21 h 28

St Pascal

CETTE SAISON EST IDÉALE POUR VOUS PRÉPARER DES *BUDDHA BOWL* À EMPORTER AU TRAVAIL. METTEZ UNE BASE (LENTILLES ET RIZ, HARICOTS ROUGES ET QUINOA, POIS-CHICHES ET BOULGOUR, ETC.) PUIS AJOUTEZ DES LÉGUMES DE SAISON. PRÉSENTEZ-LES JOLIMENT PAR RANGÉE. VOUS POUVEZ COMPLÉTER PAR DES NOIX DE CAJOU, DES CRANBERRIES, DES GRAINES GERMÉES... FAITES-VOUS PLAISIR !

18

MAI

6 h 06 21 h 29

St Éric

UNE IDÉE LOISIR CRÉATIF À PARTAGER :
RÉALISER DES FLEURS EN PAPIER
QUI ÉCLOSENT SUR L'EAU. IL VOUS FAUDRA
DU PAPIER PAS TROP ÉPAIS,
UNE PERFORATRICE EN FORME DE FLEURS,
AVEC DES PÉTALES ET UN BOL REMPLI
D'EAU. DÉCOUPEZ LES FLEURS
AVEC LA PERFORATRICE, PUIS REPLIEZ
L'UN APRÈS L'AUTRE CHAQUE PÉTALE.
DISPOSEZ ENSUITE CES FLEURS
À LA SURFACE DE L'EAU (PÉTALES FERMÉS
VERS LE HAUT). IL NE RESTE PLUS
QU'À CONTEMPLER LA FLORAISON...

19

MAI

6 h 04 · 21 h 30

St Yves

« JE NE CHERCHERAI PLUS
AU LARGE LE TRÉSOR ENFOUI.
J'AI RETROUVÉ SON ÉCLAT
AU PLUS PROFOND DE MOI. »

(*LE VOYAGE DE CHIHIRO*, 2002)

20
MAI

6h03 21h32

St Bernardin

LES MOMENTS HEUREUX,
C'EST COMME UN TROUPEAU
DE MOUTONS, ILS SE SUIVENT.
ALORS DEVENEZ BERGER(E).

21
MAI

6h02 21h33

St Constantin

OFFREZ-VOUS
UN CADEAU AUJOURD'HUI,
MÊME À TOUT PETIT PRIX.

22
MAI

6 h 01 21 h 34

St Émile

PLUS ON RIT
ET PLUS ON EST LÉGER
(COMME DANS *MARY POPPINS*).
ET LORSQUE L'ON SAIT PENSER
AVEC BONHEUR,
ALORS ON SAIT VOLER
(COMME DANS *PETER PAN*).

23
MAI

6h00 21h35

St Didier

UNE IDÉE DE RECETTE POUR CETTE SAISON ? LAVEZ ET PRÉPAREZ QUELQUES FRAISES, DES PETITES TOMATES ET QUELQUES FEUILLES DE BASILIC. DANS UN BOL OU UNE ASSIETTE À DESSERT, METTEZ UNE BOULE DE GLACE AU YAOURT, PUIS LES FRUITS. AJOUTEZ UN FILET D'HUILE D'OLIVE ET QUELQUES FEUILLES DE BASILIC.

C'EST PRÊT !

24

MAI

5 h 59 · 21 h 37

St Donatien

CETTE SAISON,
PARFUMEZ VOTRE SUCRE
AVEC DES PÉTALES DE LILAS !
POUR CELA, DÉTACHEZ LES PETITES
FLEURS DE LILAS ET MÉLANGEZ
À DU SUCRE DE CANNE. LAISSEZ
REPOSER QUELQUES JOURS
PUIS FILTREZ DANS UNE PASSOIRE
À GROS TROUS. OUVREZ LE POT
POUR FAIRE SÉCHER LE SUCRE.

25

MAI

5 h 58 21 h 38

Ste Sophie

« POUR CHAQUE HIRONDELLE VIENT SON MOIS DE MAI. »

DICTON CORSE

26

MAI

5 h 57 21 h 39

Ascension • St Bérenger

IL FAUT
TRÈS PEU DE CHOSE
POUR FAIRE PLAISIR
À QUELQU'UN. IL SUFFIT
DE PRENDRE
LE TEMPS D'ÉCOUTER
ET D'ENTENDRE.

27
MAI

5 h 56 · 21 h 40

St Augustin

« LE BONHEUR,
CE N'EST NI L'AMOUR,
NI LA RICHESSE, NI LE POUVOIR.
LE BONHEUR, C'EST LA POURSUITE
D'OBJECTIFS RÉALISABLES :
UN RÉGIME,
QU'EST-CE D'AUTRE ? »

(*LE JOURNAL DE BRIDGET JONES*, 1996)

28

MAI

5h55 21h41

St Germain

« NULLE PART »,
C'EST OÙ ?

29
MAI

5 h 54 21 h 42

Fête des mères • St Aymard

SOYEZ TOLÉRANT
ET DOUX
AVEC VOUS-MÊME.

30
MAI

5 h 53 21 h 43

St Ferdinand

« RIEN DERRIÈRE
ET TOUT DEVANT,
COMME TOUJOURS
SUR LA ROUTE. »

(JACK KEROUAC,
SUR LA ROUTE, 1957)

31
MAI

5h53 21h44

Visitation

SAVIEZ-VOUS QUE LA FLEUR DE CHRYSANTHÈME EST SACRÉE ET VÉNÉRÉE DANS TOUS LES PAYS ASIATIQUES ? CETTE « FLEUR D'OR » SYMBOLISE LE BONHEUR ET LA BONNE SANTÉ. AU JAPON, UN FESTIVAL LUI EST MÊME DÉDIÉ.

1er

JUIN

5h52 21h45

St Justin

« LA VIE EST UN MYSTÈRE
QU'IL FAUT VIVRE,
ET NON UN PROBLÈME
À RÉSOUDRE. »

MAHATMA GANDHI (1869-1948)

2

JUIN

5 h 51 21 h 46

Ste Blandine

FAIRE DES LISTES
POUR GOÛTER AU PLAISIR
DE BARRER
CE QUI A ÉTÉ ACCOMPLI.

3
JUIN

5 h 51 21 h 47

St Kevin

N'AVEZ-VOUS JAMAIS RÊVÉ DE PASSER TOUTE UNE NUIT DANS UN MUSÉE, SANS PERSONNE ?

4

JUIN

5 h 50 21 h 48

Ste Clotilde

À CHAQUE HEURE MIROIR QUE VOUS VOYEZ (11H11, 22H22, ETC.), FAITES UN VŒU !

5
JUIN

5h49 21h49

Pentecôte • St Igor

UN BAIN FLEURI
AVEC QUELQUES PÉTALES
DE ROSE EST
UN RÊVE RÉALISABLE.

6
JUIN

5 h 49 21 h 50
Lundi de Pentecôte
St Norbert

QUEL LIVRE AVEZ-VOUS ENVIE DE DÉVORER CET ÉTÉ ?

7

JUIN

5 h 48 21 h 51

St Gilbert

VOUS ÊTES PLUTÔT ROLLING STONES OU BEATLES ?

8

JUIN

5h48 21h51

St Médard

ENCHANTEZ
LE QUOTIDIEN
AVEC DES PETITS
RIENS.

9

JUIN

☀ 5 h 48 ☀ 21 h 52

Ste Diane

PROFITEZ DE LA BELLE SAISON POUR INNOVER DANS LES EAUX INFUSÉES, AVEC LES FRUITS QUE VOUS TROUVEZ : PAMPLEMOUSSE ROSE AVEC DU BASILIC ET UNE FLEUR COMESTIBLE POUR DÉCORER, CONCOMBRE ET MENTHE FRAÎCHE, FRAISE ET BASILIC, ETC. À FAIRE INFUSER DANS UNE JOLIE CARAFE EN VERRE TRANSPARENT.

10

JUIN

5 h 47 21 h 53

St Landry

« SUR LES RAYONS
DES BIBLIOTHÈQUES,
JE VIS UN MONDE SURGIR
DE L'HORIZON. »

(JACK LONDON,
MARTIN EDEN, 1909)

11
JUIN

5 h 47 21 h 53

St Barnabé

MÊME SI VOUS N'AVEZ PAS GAGNÉ À L'EUROMILLIONS, QUELLE SERAIT LA LISTE DE VOS ENVIES ?

12

JUIN

5h47 21h54

St Guy

L'ACTION DE MARS
VOUS APPORTE UN SOUTIEN
PLEIN ET ENTIER.
ELLE RETOURNE DES SITUATIONS
À VOTRE AVANTAGE.
ALORS, PROFITEZ-EN,
LA CHANCE EST AVEC VOUS !

13

JUIN

5h47 21h55

St Antoine de Padoue

S'IL VOUS RESTE ENCORE
UNE FLEUR D'UN ANCIEN BOUQUET,
METTEZ-LA DANS UNE COUPELLE
OU DANS UN SOLIFLORE,
VOUS LA DISPOSEREZ ALORS
SUR VOTRE TABLE DE PETIT-
DÉJEUNER POUR BIEN
COMMENCER LA JOURNÉE.

14

JUIN

☀ 5h47 ☀ 21h55

St Élisée

DOUCEUR ET VOLUPTÉ ! RÉFLÉCHISSEZ À UNE CARTE DE SOINS QUE VOUS POURRIEZ BIENTÔT VOUS FAIRE OFFRIR (MASSAGE AUX HUILES CHAUDES, HAMMAM, MASSAGE DU CUIR CHEVELU, ETC.).

15
JUIN

5h46 21h56

Ste Germaine

POUR VOUS ACCOMPAGNER
DOUCEMENT VERS LE SOMMEIL,
1 HEURE AVANT D'ALLER
VOUS COUCHER,
COMMENCEZ À TAMISER
LA LUMIÈRE ET À PARLER
PLUS DOUCEMENT. VOUS SEREZ
SURPRIS DU RÉSULTAT.

16
JUIN

5 h 46 21 h 56

St Jean-François Régis

PROFITEZ DE L'ÉTÉ
COMME SI VOUS VIVIEZ
CETTE SAISON
POUR LA PREMIÈRE FOIS.

17
JUIN

5 h 46 21 h 57

St Hervé

SI LE BONHEUR
NE S'ACHÈTE PAS,
ON PEUT TOUT DE MÊME
S'ACHETER UNE PART
DE GÂTEAU !

18

JUIN

5 h 46 21 h 57

St Léonce

AMUSEZ-VOUS
À COMPARTIMENTER
DANS DES PETITS BOLS,
CHAQUE PRÉPARATION
DE VOTRE REPAS,
COMME AU JAPON.
VOUS PRENDREZ
AINSI LE TEMPS DE DÉGUSTER
CHAQUE CHOSE, AVEC
UNE SENSATION PLUS RAPIDE
DE SATIÉTÉ.

19
JUIN

5 h 47 21 h 57

Fête des pères • St Romuald

RENDEZ-VOUS
DANS UN POINT PRESSE,
LES MAGAZINES DE DÉCORATION
ET DE CUISINE REGORGENT
D'IDÉES EN CE MOMENT.
ILS POURRONT VOUS GUIDER
POUR DÉVELOPPER UNE IDÉE
PERSONNELLE.

20
JUIN

5 h 47 21 h 57

St Silvère

« MUSIQUE,
QUE LES ORCHESTRES
SE METTENT À JOUER,
QUE NOS MÉMOIRES
SE METTENT À RÊVER
ET LAISSONS VOYAGER
NOS PENSÉES,
LAISSONS ALLER
NOS CORPS ET FLOTTER »

(FRANCE GALL, *MUSIQUE*, 1977)

21
JUIN

5 h 47 21 h 58

Été • St Gonzague

LORS DE VOS LECTURES,
PRENEZ LE TEMPS
DE SOULIGNER
OU DE RÉÉCRIRE
DANS UN CARNET
VOS PASSAGES PRÉFÉRÉS.
VOUS SEREZ HEUREUX
DE LES RELIRE UN JOUR.

22
JUIN

5 h 47 21 h 58

St Alban

DÉMARREZ LA JOURNÉE
AVEC DE LA MUSIQUE
ET CONTINUEZ VOTRE TRAJET
AVEC ELLE.

23
JUIN

5 h 47 21 h 58

Ste Audrey

INVESTISSEZ-VOUS
À 100 % DANS
UN PROJET SI VOUS PENSEZ
QU'IL VA CHANGER
VOTRE VIE.

24
JUIN

5 h 48 21 h 58
Fête nationale québécoise
St Jean-Baptiste

« ON PEUT ALLER AUSSI LOIN QU'ON VEUT, ON NE PEUT PAS SE FUIR SOI-MÊME. »

HARUKI MURAKAMI

25

JUIN

5 h 48 21 h 58

St Prosper

DANS UNE JOURNÉE, QU'AVEZ-VOUS ENVIE DE RETROUVER OU DE REVIVRE AU PLUS VITE ?

26

JUIN

5 h 48 21 h 58

St Anthelme

VOUS POURRIEZ TEINDRE
EN ROSE VOS ANCIENS
TORCHONS BLANCS,
GRÂCE À DES PELURES
ET NOYAUX D'AVOCAT ?
VOUS TROUVEREZ
PLEIN DE TUTORIELS
SUR INTERNET
AVEC LES TECHNIQUES
DE COLORATION VÉGÉTALE.

27
JUIN

5 h 49 21 h 58

St Fernand

POUR UNE DÉCORATION
DE TABLE HARMONIEUSE,
JOUEZ AVEC LES DÉGRADÉS
D'UNE MÊME COULEUR.
UTILISEZ CE QUE VOUS AVEZ
À VOTRE DISPOSITION :
VERRES, ASSIETTES,
SOLIFLORES, RUBANS, SERVIETTES,
NAPPE, FLEURS, ETC.

28
JUIN

5 h 49 21 h 58

St Irénée

« LE FEUILLAGE
DE L'ÉTÉ ABSORBE
LA LUMIÈRE DU SOLEIL.
LES BRANCHES
SE BALANCENT
AVEC LE VENT
ET L'OMBRE DE L'ARBRE
S'ÉTIRE. »

(KATSUMI KOMAGATA, *PETIT ARBRE*, 2008)

29

JUIN

5 h 50 21 h 58

St Pierre, St Paul

POURQUOI COURIR
SI C'EST POUR RESTER
À LA MÊME PLACE ?

30

JUIN

5 h 50 21 h 58

St Martial

« LE BONHEUR N'EST PAS TOUJOURS DANS LE CIEL BLEU, MAIS DANS LES CHOSES LES PLUS SIMPLES DE LA VIE. »

CONFUCIUS (551–479 AV. J.-C.)

1er

JUILLET

5 h 51 21 h 58

Fête nationale canadienne

St Thierry

FAITES ENTRER DE LA DOUCEUR
ET DU MOELLEUX DANS VOTRE
INTÉRIEUR (MULTIPLIEZ
LES COUSSINS, DÉPOSEZ
SUR LE CANAPÉ UNE COUVERTURE
TOUTE DOUCE POUR S'Y RÉFUGIER,
ÉPARPILLEZ ET MULTIPLIEZ
DES BOUGIES
OU DES LAMPES, ETC.).

2

JUILLET

5 h 52 21 h 57

St Martinien

SI VOUS AVEZ CHEZ VOUS, UN ANCIEN NAPPERON À TROUS QUE VOUS N'UTILISEZ JAMAIS, GARDEZ-LE, IL PEUT VOUS SERVIR COMME POCHOIR POUR UN DESSUS DE GÂTEAU. POUR CELA, DÉPOSEZ SUR LE GÂTEAU LE NAPPERON AVEC LE MOTIF À TROUS ET METTEZ DU SUCRE GLACE. RETIREZ-LE DÉLICATEMENT. UN JOLI MOTIF VINTAGE SE DESSINE.

3

JUILLET

5h52 21h57

St Thomas

PRENEZ LE BONHEUR
COMME IL VIENT,
CELA VOUS PERMETTRA
DE BIEN LE RECEVOIR.

4
JUILLET

5h53 21h57

St Florent

« ÊTRE DIFFÉRENT,
N'EST NI UNE BONNE
NI UNE MAUVAISE CHOSE.
CELA SIGNIFIE SIMPLEMENT
QUE VOUS ÊTES
SUFFISAMMENT COURAGEUX
POUR ÊTRE VOUS-MÊME. »

ALBERT CAMUS (1913-1960)

5
JUILLET

5 h 54 21 h 56

St Antoine

IL N'Y A JAMAIS DE MAUVAIS MOMENT POUR ÊTRE HEUREUX.

6

JUILLET

5 h 54 21 h 56

Ste Mariette

SI VOUS ÊTES
ENTOURÉ D'ENFANTS,
OFFREZ DES MOMENTS PARTAGÉS.
ON SE SOUVIENT RAREMENT
DE TOUS LES JOUETS QUE L'ON
A REÇUS. EN REVANCHE, L'ODEUR
DE LA BARBE À PAPA À UNE FÊTE
FORAINE, LA PREMIÈRE SORTIE
CINÉMA, VOIR SON IDOLE
À UN CONCERT... ÇA, ÇA DURE
TRÈS LONGTEMPS.

7

JUILLET

5h55 21h55

St Raoul

CET ÉTÉ,
PASSEZ UNE NUIT
À LA BELLE ÉTOILE !

8

JUILLET

5 h 56 · 21 h 55

St Thibault

POUR UNE VARIATION
DE LA SALADE CAPRESE,
VOUS POUVEZ REMPLACER
LES TOMATES PAR
DE LA PASTÈQUE. AJOUTEZ
VOTRE MOZZARELLA,
UN FILET D'HUILE D'OLIVE,
SEL, POIVRE ET BASILIC.
C'EST PRÊT !

9

JUILLET

5 h 57 21 h 54

Ste Amandine

« ACCOISER » :
C'EST RESTER TRANQUILLE
ET SILENCIEUX.
C'EST AUSSI UNE COLÈRE
OU UNE TEMPÊTE
QUI SE CALME.

10
JUILLET

5 h 58 21 h 54

St Ulrich

« LA DÉCOUVERTE
D'UN METS NOUVEAU
FAIT PLUS POUR LE BONHEUR
DU GENRE HUMAIN
QUE LA DÉCOUVERTE
D'UNE ÉTOILE. »

JEAN ANTHELME BRILLAT-SAVARIN
(1755-1826)

11

JUILLET

5 h 59 21 h 53

St Benoît, Ste Olga

CRÉEZ-VOUS
UNE PLAYLIST SPÉCIALE
« VACANCES,
J'OUBLIE TOUT ! ».

12
JUILLET

6h00 21h52

St Olivier

LORSQUE VOUS OUVREZ
UN LIVRE, PRENEZ LE TEMPS
DE LIRE LES DÉDICACES
OU LES TÉMOIGNAGES DES
AUTEURS. C'EST SAVOUREUX
ET CELA PERMET D'ENTRER
DANS L'INTIMITÉ DE L'AUTEUR
ET D'Y DÉCOUVRIR LES GENS
QUI LUI SONT CHERS.

13

JUILLET

6h01 21h51

St Henri, St Joël

« JE DEMANDE PARDON AUX ENFANTS D'AVOIR DÉDIÉ CE LIVRE À UNE GRANDE PERSONNE (...) TOUTES LES GRANDES PERSONNES ONT D'ABORD ÉTÉ DES ENFANTS. (MAIS PEU D'ENTRES ELLES S'EN SOUVIENNENT.) JE CORRIGE DONC MA DÉDICACE : À LÉON WERTH, QUAND IL ÉTAIT PETIT GARÇON.

(ANTOINE DE SAINT-EXUPÉRY, DÉDICACE DANS *LE PETIT PRINCE*, 1943)

14

JUILLET

6h02 21h51

Fête nationale française

St Camille

LE MIEL, C'EST BON ! ANTISEPTIQUE, ANTIBIOTIQUE, CICATRISANT, DIURÉTIQUE ET POUVOIR SUCRANT. ON PEUT LE DÉGUSTER DANS UNE MULTITUDE DE SAVEURS (ACACIA, BRUYÈRE, CHÂTAIGNER, EUCALYPTUS, ETC.).

15

JUILLET

6 h 03 21 h 50

St Basile

« SI TOUT EST MIEL
ET SI JE SUIS CE QUE
JE MANGE, JE DOIS ÊTRE
FAIT DE MIEL… ET LA VIE
EST TRÈS DOUCE. »

WINNIE L'OURSON

16

JUILLET

6 h 04 21 h 49

Notre-Dame du Mont Carmel

UN DÎNER AUX CHANDELLES EST UN SOUHAIT RÉALISABLE.

17

JUILLET

6h05 21h48

Ste Charlotte

EN RENTRANT
DE VOTRE JOURNÉE DE TRAVAIL,
ENFILEZ VITE UNE TENUE
D'INTÉRIEUR CONFORTABLE
DÉDIÉE À LA DÉTENTE. VOTRE
SOIRÉE PEUT COMMENCER
EN DOUCEUR.

18

JUILLET

6 h 06 21 h 47

St Frédéric

COMME
PAR ENCHANTEMENT,
TOUTES LES BONNES CHOSES
ARRIVENT EN MÊME TEMPS,
COMME DES AIMANTS.

19
JUILLET

6h07 21h46

St Arsène

NE SOYEZ PAS
TROP DUR
AVEC VOUS–MÊME.

20
JUILLET
6h08 21h45
Ste Marina

LE BONHEUR
EST INCOMPATIBLE
AVEC
LA COMPARAISON.

21
JUILLET

6 h 09 21 h 44
Fête nationale belge
St Daniel, St Victor

C'EST LE BON MOMENT
POUR COMMENCER
À REGARDER LA PREMIÈRE
DES SEPT SAISONS
D'UNE SÉRIE QUI VOUS FAIT
DE L'ŒIL. ORGANISEZ
CE RENDEZ-VOUS À HEURES
ET JOURS RÉGULIERS
POUR L'APPRÉCIER DAVANTAGE.

22
JUILLET

☀ 6h11 ☀ 21h43

Ste Marie-Madeleine

POUR RÉALISER
DES PANCAKES BANANE EN 5 MIN :
ÉCRASEZ 2 BANANES BIEN MÛRES,
AJOUTEZ 2 ŒUFS PUIS MÉLANGEZ.
INCORPOREZ 70 G DE FARINE
DE POIS-CHICHE ET UNE POINTE
DE COUTEAU DE LEVURE BIO. FAITES
CHAUFFER UNE POÊLE AVEC DE L'HUILE
DE COCO, PUIS METTEZ L'ÉQUIVALENT
D'UNE CUILLÈRE À SOUPE
DE LA PRÉPARATION PAR PANCAKE
SUR LA POÊLE. FAITES CUIRE
COMME DES CRÊPES.

23
JUILLET

6h12 21h42

Ste Brigitte

SERENDIPIDY EN ANGLAIS, SIGNIFIE « HEUREUX HASARD ».

24
JUILLET

☀ 6 h 13 ☀ 21 h 40

Ste Christine

LE CORPS SOURIT QUAND IL DANSE.

25
JUILLET

6h14 21h39

St Jacques

« UN PAS DE DEUX
EST UN DIALOGUE AMOUREUX.
COMMENT PEUT-IL
Y AVOIR UNE CONVERSATION
SI L'UN DES DEUX
EST MUET ? »

RUDOLF NOUREEV (1938-1993)

26
JUILLET

6h15 21h38

Ste Anne, St Joachim

CE QUI EST
ENTHOUSIASMANT,
C'EST QUE L'ON A
TOUJOURS QUELQUE CHOSE
À APPRENDRE.

27
JUILLET

6h17 21h37

Ste Nathalie

QUELLES SONT VOS ODEURS PRÉFÉRÉES DE LA SAISON ?

28

JUILLET

6h18 21h35

St Samson

NE MARCHEZ PAS
TOUJOURS TROP VITE,
VOUS RISQUERIEZ
DE PASSER À CÔTÉ
DE QUELQUE CHOSE.

29

JUILLET

6h19 21h34

Ste Marthe

RETROUVEZ
UNE PHOTO SOUVENIR
D'UN PROCHE
ET ENVOYEZ-LA-LUI.

30
JUILLET

6 h 21 21 h 33

Ste Juliette

ET SI AUJOURD'HUI
VOUS RÉALISIEZ
UN REPAS AVEC SEULEMENT
DES INGRÉDIENTS
DE COULEUR ORANGE
(ENTRÉE, PLAT
ET DESSERT) ?

31
JUILLET

☀ 6h22 ☀ 21h31

St Ignace de Loyola

POTION DU JOUR :
UN JUS FRAIS DE CAROTTE,
POMME ET ORANGE
NON TRAITÉES. UN BON MÉLANGE
TONIQUE QUE L'ON PEUT
AUGMENTER DAVANTAGE
AVEC UN PEU DE GINGEMBRE
FRAIS RÂPÉ.

1er
AOÛT

6 h 23 21 h 30
Fête nationale suisse
St Alphonse

PARFOIS,
IL FAUT SE SÉPARER
POUR MIEUX
SE RETROUVER.

2
AOÛT

6 h 25 21 h 28

St Julien

« ON N'A QU'À S'ENFERMER À DOUBLE TOUR ET CRIER LE SEUL GROS MOT QU'ON CONNAÎT. ÇA, ÇA DONNE LA FRITE ! »

(COLÈRE DANS *VICE-VERSA*, 2015)

3

AOÛT

6 h 26 21 h 27

Ste Lydie

C'EST PROUVÉ,
ÊTRE ORGANISÉ PERMET
D'ÊTRE PLUS SEREIN. ALORS ADOPTEZ
UN *BULLET JOURNAL*
(APPELÉ ÉGALEMENT « BUJO ») :
100 % ... PERSONNALISABLE,
IL VOUS PERMETTRA DE TOUT NOTER
ET D'ORGANISER VOS JOURNÉES
AVEC BONHEUR ET CRÉATIVITÉ.
VOUS TROUVEREZ PLEIN
DE TUTORIELS SUR INTERNET.

4

AOÛT

6h27 21h25

St Jean-Marie Vianney

UN POÈME
QUE VOUS CHÉRISSEZ ?
APPRENEZ-LE PAR CŒUR
ET PARTAGEZ-LE.

5
AOÛT

6h29 21h24

St Abel

AUJOURD'HUI,
UN COACH INTERVIENT,
NOUS LUI LAISSONS LA PAROLE :
« ALORS, ON RESPIRE
PAR LE VENTRE,
ON REDRESSE LA TÊTE
ET LES ÉPAULES, ON NE LÂCHE
RIEN. ON EST PRÊT,
ON EST FIER ET ON Y VA !
C'EST PARTI ! »

6

AOÛT

☀ 6 h 30 ☀ 21 h 22

St Octavien

QUE PENSEZ-VOUS
DU SOURIRE LE PLUS
« ÉNIGMATIQUE »
DU LOUVRE, CELUI QUE FAIT
LA JOCONDE
(OU *MONA LISA*) PEINTE
PAR LÉONARD DE VINCI ?

7
AOÛT

6h31 21h21

St Gaétan

« HIER EST DERRIÈRE,
DEMAIN EST MYSTÈRE
ET AUJOURD'HUI
EST UN CADEAU,
C'EST POUR CELA
QU'ON L'APPELLE LE PRÉSENT. »

(EXTRAIT DU DESSIN ANIMÉ
KUNG FU PANDA, SORTI EN 2008)

8
AOÛT

6 h 33 21 h 19

St Dominique

C'EST LE MOMENT
DE DONNER UN COUP DE POUCE
À VOS ENVIES. N'ATTENDEZ PAS
QUE CERTAINES SITUATIONS
SE RÉSOLVENT D'ELLES-MÊMES.
À VOUS DE PRENDRE LES DEVANTS
TOUT EN GARDANT
DE LA SOUPLESSE. AVANCEZ PAS
À PAS MAIS AVEC DÉTERMINATION.
MERCURE, VÉNUS ET PLUTON
COMPTENT SUR VOUS !

9

AOÛT

6h34 21h17

St Amour

ACCUEILLEZ
CHAQUE MATIN
QUI SE LÈVE
AVEC CONFIANCE.

10
AOÛT

6h36 21h16

St Laurent

QUELS SERAIENT LES TROIS ADJECTIFS QUI VOUS DÉFINIRAIENT LE MIEUX ?

11

AOÛT

☀ 6h37 ☀ 21h14

Ste Claire

SANS METTRE DE « SI » NI DE « MAIS » DANS VOTRE RÉPONSE, QUEL SERAIT VOTRE WEEK-END IDÉAL ?

12

AOÛT

6h38 21h12

Ste Clarisse

ORGANISEZ
VOTRE WEEK-END IDÉAL
(POUR RAPPEL,
HIER IL N'Y AVAIT
NI « SI » NI « MAIS »
DANS VOTRE RÉPONSE...
VOTRE WEEK-END
EST DONC RÉALISABLE.

13
AOÛT

6 h 40 21 h 10

St Hippolyte

« CE QUE L'ON DÉSIRE ARDEMMENT, CONSTAMMENT, ON L'OBTIENT TOUJOURS. »

NAPOLÉON BONAPARTE (1769–1821)

14

AOÛT

6h41 21h09

St Évrard

« SI TU AS
LA FORCE ET LA FOI,
L'OR EST À PORTÉE
DE TES DOIGTS. »

(JEAN-JACQUES GOLDMAN,
LÀ-BAS, 1987)

15
AOÛT

6 h 43 21 h 07

Assomption • Ste Marie

REMPLACEZ
« GAGNER »
PAR « VIVRE »
VOTRE VIE.
ÇA CHANGE TOUT,
NON ?

16
AOÛT

6h44 21h05

St Armel

VOUS ÊTES UNIQUE !
C'EST TOUT
À VOTRE AVANTAGE.

17

AOÛT

6h45 21h03

Ste Jeanne

QUAND ON EST ADULTE,
ON PEUT LIRE TRÈS TARD
DANS LA NUIT
SANS AVOIR À SE PLANQUER
SOUS LA COUETTE
AVEC SA LAMPE TORCHE.

18
AOÛT

6h47 21h01

Ste Hélène

SI ON L'A DÉCIDÉ AINSI,
TRAÎNER
TOUTE LA JOURNÉE
EN PYJAMA,
ÇA FAIT DU BIEN.

19
AOÛT

6h48 20h59

St Jean Eudes

MÉFIEZ-VOUS
DE L'APRÈS,
VOUS POURRIEZ RATER
L'INSTANT.

20
AOÛT

6 h 50 · 20 h 58

St Bernard

ORDONNANCE MÉDICALE : RIRE PLUSIEURS FOIS PAR JOUR. C'EST BON POUR LA SANTÉ.

21

AOÛT

6 h 51 20 h 56

St Christophe

UN ŒUF DE CAILLE
SUR LE PLAT
ET VOUS VOILÀ
DEVENU GÉANT !

22
AOÛT

6h52 20h54

St Fabrice

SI VOTRE HUMEUR
EST NOIRE AUJOURD'HUI,
NE VOUS INQUIÉTEZ PAS,
C'EST UN PASSAGE.
LORSQUE VOUS LE POURREZ,
CHOISISSEZ LA COULEUR
QUE VOUS AIMERIEZ VOIR
LE LENDEMAIN
ET VISUALISEZ–LA
POUR LA SAISIR.

23
AOÛT

6 h 54 20 h 52

Ste Rose

VOUS ARRIVE-T-IL DE REFAIRE DE LA BALANÇOIRE ?

24
AOÛT

6h55 20h50

St Barthélemy

UN BONHEUR N'ARRIVE JAMAIS SEUL ET IL EST SOUVENT TRÈS BIEN ACCOMPAGNÉ.

25

AOÛT

6 h 57 20 h 48

St Louis

AVEZ-VOUS PRIS UN RISQUE AUJOURD'HUI ?

26
AOÛT

6 h 58 20 h 46

Ste Natacha

« SE GAUDIR » :
C'EST MANIFESTER SA JOIE,
S'ÉGAYER OU SE RÉJOUIR
D'UNE VICTOIRE INATTENDUE
OU D'UNE BONNE NOUVELLE.
SOUHAITONS QUE VOUS
PUISSIEZ VITE
VOUS GAUDIR !

27
AOÛT

7 h 00 20 h 44

Ste Monique

ON NE PEUT PAS
REMONTER LES AIGUILLES
DU TEMPS,
MAIS ON PEUT CUEILLIR
ET PROFITER
DE L'INSTANT PRÉSENT.

28
AOÛT

7h01 20h42

St Augustin

« LE VRAI BONHEUR,
C'EST TOI, C'EST TA VOIX,
C'EST TON REGARD,
C'EST TOUT CE QUI
ME CHARME ET M'ENIVRE. »

VICTOR HUGO (1802-1885)

29

AOÛT

7h02 20h40

Ste Sabine

RÊVEZ-VOUS TOUJOURS DE VOYAGER DANS UN AVION À RÉACTION ?

30

AOÛT

7h04 20h38

St Fiacre

DEVENEZ AMBASSADEUR,
ORGANISEZ DES MOMENTS
DE PARTAGE
OU DE RETROUVAILLES.
PAR EXEMPLE, UN GOÛTER
OU UN APÉRITIF DÎNATOIRE
AVEC VOS PROCHES
POUR FÊTER LA RENTRÉE.

31
AOÛT

7 h 05 20 h 36

St Aristide

VOUS NE SAVEZ PLUS QUE FAIRE DES FRUITS DE L'ÉTÉ ? LA SAISON DES CONFITURES COMMENCE !

1er

SEPTEMBRE

7 h 07 20 h 34

St Gilles

ACHETER TOUS LES BONBONS
DONT ON A ENVIE,
SE COUCHER APRÈS 20 H
MÊME UN LUNDI,
NE PAS ALLER À L'ÉCOLE...
MAINTENANT QUE
VOUS ÊTES GRAND,
AVEZ-VOUS RÉALISÉ
VOS RÊVES D'ENFANT ?

2
SEPTEMBRE

7h08 20h32

Ste Ingrid

« DOUTE QUE LES ÉTOILES
SOIENT LE FEU,
DOUTE QUE LE SOLEIL SE MEUT,
DOUTE QUE LA VÉRITÉ
MENTE ELLE-MÊME
MAIS NE DOUTE PAS
QUE JE T'AIME. »

(WILLIAM SHAKESPEARE,
HAMLET, 1603)

3
SEPTEMBRE

7 h 09 20 h 30

St Grégoire

POUR MESURER
RAPIDEMENT
LA PORTION DE SPAGHETTI
POUR 1 PERSONNE,
AIDEZ-VOUS DU DIAMÈTRE
DE L'ENTRÉE
D'UNE BOUTEILLE
D'EAU EN VERRE.

4

SEPTEMBRE

7 h 11 20 h 28

Ste Rosalie

SOUFFLEZ DES BULLES DE SAVON ET CRÉEZ DES ARCS-EN-CIEL TOUT RONDS.

5

SEPTEMBRE

7h12 20h26

Ste Raïssa

SAVIEZ-VOUS
QUE LE BERNARD-L'HERMITE
DOIT CHANGER RÉGULIÈREMENT
DE COQUILLE ET DONC DE MAISON
LORSQU'IL GRANDIT ? MAIS S'IL
N'Y A PAS DE COQUILLAGES
SUR LA PLAGE, IL NE POURRA PAS
TROUVER DE NOUVELLE DEMEURE.
ALORS, POUR LE BONHEUR
DE BERNARD, ON RÉSISTE ET
ON LÂCHE CE COQUILLAGE !

6

SEPTEMBRE

7h14 20h23

St Bertrand

LA SIESTE
SUR UN HAMAC
EST UN RÊVE
RÉALISABLE.

7
SEPTEMBRE

7h15 20h21

Ste Reine

POUR DÉTENDRE
VOTRE DOS, ÉTIREZ-VOUS.
FAITES LA POSTURE DE L'ENFANT.
POUR MÉMOIRE,
PLACEZ-VOUS ASSIS,
LES FESSES SUR LES TALONS.
DÉPOSEZ VOTRE FRONT
SUR LE SOL. RELÂCHEZ LES BRAS
LE LONG DE VOTRE CORPS
OU DEVANT VOUS, PUIS
RESPIREZ DOUCEMENT.

8

SEPTEMBRE

7h17 20h19

St Adrien

UNE NOUVELLE JOURNÉE
QUI COMMENCE,
C'EST UNE NOUVELLE PAGE
BLANCHE À ÉCRIRE.
À VOUS DE LA DESSINER
ET D'Y AJOUTER LES COULEURS
QUE VOUS AIMEZ.

9
SEPTEMBRE

7h18 20h17

St Alain

LE THÉ VERT MATCHA
EST RICHE EN VITAMINES,
MINÉRAUX ET ANTIOXYDANTS.
IL EST À LA FOIS STIMULANT
ET RELAXANT.

10

SEPTEMBRE

7h19 20h15

Ste Inès

POUR VIVRE
LE GRAND BLEU (FILM RÉALISÉ
PAR LUC *BESSON*, SORTI EN 1988),
IL VOUS FAUDRA ALLER EN SICILE,
À TAORMINA, ET SAVOURER
LA *PASTA* VUE SUR MER. POUR
D'AUTRES SCÈNES CULTES
C'EST EN GRÈCE, ITALIE, PÉROU,
FRANCE QU'IL VOUS FAUDRA ALLER.
VOUS REPLONGEZ DANS LE FILM.

11
SEPTEMBRE

7 h 21 20 h 13

St Adelphe

« POUR MOI,
LE ROMANTISME
EST L'EXPRESSION
LA PLUS RÉCENTE,
LA PLUS ACTUELLE
DU BEAU. »

(CHARLES BAUDELAIRE,
CURIOSITÉS ESTHÉTIQUES, 1868)

12
SEPTEMBRE

7h22 20h11

St Apollinaire

OH, LA BONNE ODEUR
DE L'HERBE
FRAÎCHEMENT COUPÉE !

13

SEPTEMBRE

☀ 7h24 ☀ 20h09

St Aimé

LE SPORT
EN PLEIN AIR,
C'EST DE L'ÉNERGIE
ET DES VITAMINES
SUPPLÉMENTAIRES.

14
SEPTEMBRE

7h25 20h07

Croix glorieuse

PRENDRE
LE TEMPS DE REGARDER
EN DÉTAIL CE QUI
NOUS ENTOURE
ET DÉCOUVRIR
DES BEAUTÉS CACHÉES.

15
SEPTEMBRE

7 h 26 20 h 04

St Roland

LE DUO DE CHOC
VÉNUS LA BELLE
ET MARS L'ACTIVE
VOUS ACCOMPAGNE
TOUTE LA SEMAINE POUR
VOUS APPORTER UNE ÉNERGIE
COMMUNICATIVE.
DE GRANDES CHOSES VOUS
ATTENDENT, ATTRAPEZ-LES !

16
SEPTEMBRE

7 h 28 20 h 02

Ste Édith

UN GOBELET
EN PLASTIQUE MET 50 ANS
À SE DÉGRADER,
LE REMPLACER PAR UNE GOURDE
OU DE LA VAISSELLE EN DUR
PERMET, AVEC CE GESTE QUOTIDIEN,
D'AGIR CONCRÈTEMENT
CONTRE CETTE POLLUTION.

17
SEPTEMBRE

7 h 29 20 h 00

St Renaud

POUR GAGNER
UN TEMPS PRÉCIEUX,
CRÉEZ DES LISTES RÉUTILISABLES
POUR CHAQUE CHOSE
RÉCURRENTE À FAIRE
OU À PENSER (AVANT
DE PARTIR EN VACANCES,
LES INDISPENSABLES À PRENDRE
POUR UN WEEK-END,
UNE RANDONNÉE, ETC.).

18

SEPTEMBRE

7h31 19h58

Ste Océane

C'EST LA SAISON DES FIGUES. MANGEZ-EN AVANT QUE LES OISEAUX VIENNENT LES CUEILLIR À VOTRE PLACE. CROQUEZ-LA À PLEINES DENTS OU COUPEZ-LA EN DEUX POUR DÉCOUVRIR SES BELLES COULEURS.

19

SEPTEMBRE

7h32 19h56

Ste Émilie

TONNERRE,
PLUIE, TEMPÊTE, SOLEIL,
AVERSE, ORAGE, CIEL GRIS,
BLEU, ROSE, BLANC...
QUELLE EST VOTRE MÉTÉO
PRÉFÉRÉE ?

20
SEPTEMBRE

7 h 34 19 h 54

St Jean-Charles

ET SI VOUS ALLIEZ
RAMASSER DES LÉGUMES
ET FRUITS DE SAISON
DIRECTEMENT
CHEZ UN PRODUCTEUR,
TOUT PRÈS
DE CHEZ VOUS ?

21
SEPTEMBRE

7h35 19h52

St Matthieu

C'EST LA SAISON
POUR CRÉER UN HERBIER
ET CHERCHER LES NOMS
DES FLEURS ET PLANTES
QUI VOUS ENTOURENT.

22
SEPTEMBRE

7h36 19h49

St Maurice

DE QUELLE COULEUR
EST VOTRE HUMEUR
AUJOURD'HUI ?

23
SEPTEMBRE

☀ 7h38 ☀ 19h47

Automne • St Constant

FIXER DES DATES
POUR DÉBUTER
OU ACHEVER UN PROJET
AIDE À LE CONCRÉTISER.

24
SEPTEMBRE

7h39 19h45

St Anatole

ET SI LE BONHEUR
ÉTAIT UN BAISER,
UN SOURIRE OU
SE SERRER TRÈS FORT ?

25
SEPTEMBRE

7h41 19h43

St Hermann

« ON NE DIT JAMAIS ASSEZ
AUX GENS QU'ON AIME,
PAR PEUR DE LES GÊNER,
QU'ON LES AIME.
ON NE LEUR DIT JAMAIS ASSEZ
QUE SANS EUX, SANS ELLES,
ON NE SERAIT MÊME PAS
LA MOITIÉ DE NOUS-MÊMES »

(LOUIS CHEDID, *ON NE DIT JAMAIS ASSEZ AUX GENS QU'ON AIME*, 2010)

26
SEPTEMBRE

7h42 19h41

St Côme, St Damien

LE SOLEIL
ET LE VENT S'AMUSENT
ENSEMBLE POUR CRÉER
DES OMBRES CHINOISES
MOUVANTES À CEUX
QUI SOUHAITENT
LES REGARDER.

27
SEPTEMBRE

7h44 19h39

St Vincent de Paul

POUR DONNER
UNE DEUXIÈME VIE
À DE VIEUX DRAPS OU TORCHONS
(AVEC DES MATIÈRES NATURELLES),
VOUS POUVEZ LES TEINDRE
NATURELLEMENT AVEC ÉPICES,
NOYAU D'AVOCAT, PELURES
D'OIGNON, PERSIL, THYM,
BETTERAVE, THÉ, ETC.
VOUS TROUVEREZ SUR INTERNET
DES TUTOS POUR VOUS GUIDER.

28
SEPTEMBRE

7h45 19h37

St Venceslas

ET SI VOUS RÉORGANISIEZ
LE CLASSEMENT
DE VOS LIVRES
EN LES RANGEANT
PAR COULEUR ?
UN PETIT RIEN
QUI CHANGE TOUT.

29
SEPTEMBRE

☀ 7h47 ☀ 19h35

St Gabriel, St Michel

IL EST TEMPS DE S'INSCRIRE
À DE NOUVELLES ACTIVITÉS.
UN SPORT, UNE ACTIVITÉ
ARTISTIQUE OU MANUELLE ?
DE QUOI AVEZ-VOUS ENVIE ?
PSSST... IL N'EST JAMAIS
TROP TARD.

30

SEPTEMBRE

7h48 19h32

St Jérôme

RESSORTIR
SON JOLI PANIER EN OSIER
POUR ALLER À LA CHASSE
AUX CHAMPIGNONS
DANS LES FORÊTS.

1er

OCTOBRE

7h49 19h30

Ste Thérèse de l'Enfant Jésus

LA COURGE S'ASSOCIE
PARFAITEMENT AVEC L'AMANDE,
LA CANNELLE, LE CHAMPIGNON,
LA CHÂTAIGNE, LE CITRON VERT,
LES FROMAGES BLEUS
ET DE CHÈVRE, LE GINGEMBRE,
LA NOIX DE MUSCADE,
LA POMME, LE ROMARIN
ET LA SAUGE.

2
OCTOBRE

7 h 51 19 h 28

St Léger

« VOYAGER
SANS RENCONTRER L'AUTRE,
CE N'EST PAS VOYAGER,
C'EST SE DÉPLACER. »

ALEXANDRA DAVID-NÉEL (1868-1969)

3

OCTOBRE

7h52 19h26

St Gérard

POUR QUE CHAQUE JOUR SOIT UNE FÊTE, SORTEZ VOTRE PLUS BELLE VAISSELLE.

4 OCTOBRE

☀ 7h54 ☀ 19h24

St François d'Assise

« EN FAIT,
JE SAIS POURQUOI
JE NE SAIS PAS CE QUE
JE VEUX FAIRE
PLUS TARD.
C'EST PARCE QUE MA VIE
ELLE EST CHOUETTE ET
JE NE VEUX SURTOUT PAS
QU'ELLE CHANGE ! »

(LE PETIT NICOLAS)

5
OCTOBRE

7h55 19h22

Ste Fleur

À LA FIN DE VOTRE JOURNÉE
DE TRAVAIL,
PRENEZ CINQ MINUTES
AVANT DE PARTIR
POUR RANGER VOTRE BUREAU
ET PLANIFIER LES TÂCHES
DU LENDEMAIN.
VOUS SEREZ AINSI DANS
DE BONNES DISPOSITIONS
POUR ATTAQUER UNE NOUVELLE
JOURNÉE DE TRAVAIL.

6

OCTOBRE

7 h 57 19 h 20

St Bruno

LE SECRET
DU SUCCÈS ?
LA CONFIANCE
EN SOI.

7
OCTOBRE

7h58 19h18

St Serge

« C'EST FOU
CE QU'UN DÉTAIL
PEUT AVOIR
SON IMPORTANCE
QUAND
ON S'Y ATTACHE. »

COLUMBO

8

OCTOBRE

8h00 19h16

Ste Pélagie

CHAQUE SOIR,
VÉNUS SCINTILLE
DE MILLE FEUX COMME
UNE AMIE CÉLESTE.

9
OCTOBRE

8h01 19h14

St Denis

PROFITEZ DU WEEK-END
ET PRÉPAREZ-VOUS
UN BRUNCH :
LEVEZ-VOUS TARD
ET FAITES UNE JOLIE TABLE
AVEC ŒUFS À LA COQUE,
PAIN FRAIS, VIENNOISERIES,
CONFITURE, FRUITS DE SAISON,
YAOURT, MIEL, FROMAGE...

10

OCTOBRE

8h03 19h12

St Hugo

POUR DÉLIMITER
UN ESPACE OU DONNER
UN PEU DE « COCOONING »
À UNE PIÈCE,
INSTALLEZ UN JOLI TAPIS.

11
OCTOBRE

8h04 19h10

St Firmin

QUELS SONT
LES MEILLEURS CONSEILS
QUE VOUS AYEZ REÇUS ?

12
OCTOBRE

8h06 19h08

St Wilfried

SAVIEZ-VOUS QU'EN EUROPE,
AU MOYEN ÂGE,
LE ROSE ÉTAIT RÉSERVÉ
AUX HOMMES, CONSIDÉRÉ
COMME UNE NUANCE
DU ROUGE CLAIR, ASSOCIÉE
À L'AGRESSIVITÉ ET À LA VIRILITÉ.
LES FEMMES QUANT
À ELLES S'HABILLAIENT
EN BLEU, COULEUR DIVINE
ET DÉLICATE. RIEN N'EST FIGÉ !

13
OCTOBRE

8h07 19h06

St Géraud

C'EST UN BON JOUR POUR ALLER DANSER AU BAL.

14

OCTOBRE

☀ 8h09 ☀ 19h04

St Céleste

SOUS UN CIEL COTONNEUX, COMMENT NE PAS PENSER À LA DOUCEUR DE SON OREILLER...

15

OCTOBRE

8h10 19h02

Ste Thérèse d'Avila

LORSQUE
NOUS NE SOMMES PAS LÀ,
LES ANIMAUX, EUX,
DANSENT, CHANTENT
ET VIVENT LIBREMENT.

16
OCTOBRE
8h12 19h00
Ste Edwige

FÊTEZ LE MOINDRE SUCCÈS OU ÉVÉNEMENT.

17

OCTOBRE

8h13 18h58

St Baudouin

ENVOYEZ
À VOS PROCHES
DES CARTES POSTALES
DEPUIS VOTRE
LIEU DE VACANCES.

18
OCTOBRE

8h15 18h56

St Luc

SAVEZ-VOUS QUE LE CŒUR BAT PLUS DE 100 000 FOIS PAR JOUR ?

19

OCTOBRE

☀ 8h16 ☀ 18h54

St René

VOUS N'AVEZ PAS
À VOUS JUSTIFIER
POUR PROUVER
VOS QUALITÉS.

20
OCTOBRE

8h18 18h52

Ste Adeline

DÉCONNECTEZ-VOUS UNE JOURNÉE, SANS TÉLÉPHONE NI TABLETTE.

21
OCTOBRE

☀ 8h20 ☀ 18h50

Ste Céline

DANS LA VIE,
TOUT
EST POSSIBLE.

22
OCTOBRE

☀ 8h21 ☀ 18h48

Ste Élodie

« ET IL AVAIT ÉTÉ TOUT POUR ELLE, TOUT CE QU'ON DÉSIRE, TOUT CE QU'ON RÊVE, TOUT CE QU'ON ATTEND SANS CESSE, TOUT CE QU'ON ESPÈRE SANS FIN. IL AVAIT EMPLI DE BONHEUR SON EXISTENCE, D'UN BOUT À L'AUTRE. »

(GUY DE MAUPASSANT, *LE BONHEUR*, 1884)

23

OCTOBRE

☀ 8 h 23 ☀ 18 h 47

St Jean de Capistran

ET SI VOUS COMMENCIEZ
À FABRIQUER
VOUS-MÊME
VOS CADEAUX DE NOËL ?

24
OCTOBRE

8h24 18h45

St Florentin

C'EST LE MOMENT
DE SE FAIRE
DE JOLIES COURONNES
ET COLLIERS DE FLEURS
ET DE FEUILLES.

25
OCTOBRE

☀ 8h26 ☀ 18h43

St Crépin

ET POURQUOI NE PASSERIEZ-VOUS PAS VOTRE PERMIS BATEAU ?

26
OCTOBRE

7 h 27 17 h 41

St Dimitri

LORSQUE
VOUS AVEZ L'IMPRESSION
DE PERDRE DU TEMPS
OU DE VOUS ÉGARER,
PRENEZ UN INSTANT
POUR REVOIR VOS PRIORITÉS.

27
OCTOBRE

7 h 29 17 h 39

Ste Émeline

EN 1533, DE RETOUR DE LA COUR DES MÉDICIS, À FLORENCE, CATHERINE DE MÉDICIS, AVEC SES PÂTISSIERS-GLACIERS, FAIT DÉCOUVRIR À LA COUR DE FRANCE LE *SORBETTO TUTTI FRUTTI*, APPELÉ AUJOURD'HUI SORBET.

28

OCTOBRE

☀ 7 h 30 ☀ 17 h 38

St Jude

UNE FIN
C'EST UN COMMENCEMENT
QUI SE CACHE.

29
OCTOBRE

☀ 7h32 ☀ 17h36

St Narcisse

QUELLE MUSIQUE
VOUS DONNE ENVIE
DE DANSER
À N'IMPORTE QUEL
MOMENT
DE LA JOURNÉE ?

30
OCTOBRE

7h34 17h34

Ste Bienvenue

« ET TOUT D'UN COUP,
LE SOUVENIR
M'EST APPARU. CE GOÛT,
C'ÉTAIT CELUI DU PETIT
MORCEAU DE MADELEINE... »

(MARCEL PROUST,
À LA RECHERCHE *DU TEMPS PERDU*, 1913)

31
OCTOBRE

7h35 17h32

St Quentin

« LA PAUSE, ELLE AUSSI, FAIT PARTIE DE LA MUSIQUE. »

(STEFAN SWEIG,
LA CONFUSION DES SENTIMENTS, 1927)

1er
NOVEMBRE

7h37 17h31

Toussaint

DÈS VOTRE RÉVEIL, ESSAYEZ DE COMMENCER LA JOURNÉE EN VOUS RINÇANT LA BOUCHE AVEC UNE CUILLÉRÉE À SOUPE D'HUILE DE NOIX DE COCO (OU D'HUILE DE SÉSAME). VOUS POUVEZ ÉGALEMENT EN METTRE SUR VOTRE BROSSE À DENTS. CETTE PRATIQUE INSPIRÉE DE L'AYURVEDA DIMINUE LES TOXINES ET RENFORCE LES DENTS.

2

NOVEMBRE

7h38 17h29

Défunts

AMUSEZ-VOUS
À JOUER AVEC LE SOLEIL.
PLACEZ DANS VOTRE SALON
OU DANS VOTRE CHAMBRE
UNE BOULE À FACETTES.
AUX PREMIERS
RAYONS DU SOLEIL,
LA MAGIE OPÉRERA.

3
NOVEMBRE

7 h 40 17 h 28

St Hubert

LE CALENDRIER DE L'AVENT, C'EST AUSSI POUR LES GRANDS ! LEQUEL VOUS FERAIT-IL PLAISIR D'OUVRIR À COMPTER DU 1ER DÉCEMBRE ?

4

NOVEMBRE

7h42 17h26

St Charles

SI VOUS CONNAISSEZ DÉJÀ
LA DESTINATION
DE VOS PROCHAINES VACANCES,
COMMENCEZ À REMPLIR
VOTRE VALISE. EN VOUS
Y PRENANT TÔT VOUS PARTIREZ
AVEC L'ESSENTIEL.

5

NOVEMBRE

7 h 43 17 h 24

Ste Sylvie

EN MOYENNE,
UN ŒUF PÈSE 60 G,
SON BLANC 30 G
ET LE JAUNE D'ŒUF 20 G.
VOUS VOILÀ PRÊT
POUR PÂTISSER.

6

NOVEMBRE

7 h 45 17 h 23

St Léonard

DÉMARREZ
UN PROJET
AVEC LES MOYENS
DONT VOUS DISPOSEZ
AUJOURD'HUI.
N'ATTENDEZ PAS
ET FONCEZ.

7
NOVEMBRE

7h46 17h21

Ste Karine

« J'AI DÉCIDÉ D'ÊTRE HEUREUX PARCE QUE C'EST BON POUR LA SANTÉ. »

VOLTAIRE (1694–1778)

8

NOVEMBRE

7 h 48 17 h 20

St Geoffroy

L'AVANTAGE
D'ÊTRE DÉSORDONNÉ,
C'EST DE FAIRE
SANS CESSE
DES DÉCOUVERTES.

9

NOVEMBRE

7 h 50 17 h 19

St Théodore

POUR METTRE
DE LA DOUCEUR
ET DE LA BEAUTÉ
AU QUOTIDIEN,
EMBELLISSEZ LES ENDROITS
OÙ VOUS VIVEZ.

10

NOVEMBRE

7h51 17h17

St Léon

LE BONHEUR-DU-JOUR,
EST UN MEUBLE DE DAME
DÉVOLU À L'ÉCRITURE.
CRÉÉ VERS 1760, CE SECRÉTAIRE
EST CONSTITUÉ DE GRADINS
POUR RANGER LIVRES
ET PAPIERS, DE TIROIRS
ET DE CACHETTES
(POUR LES PETITS OBJETS
ET LES LETTRES D'AMOUR).

11

NOVEMBRE

7h53 17h16

Armistice 1918 • St Martin

AVEZ-VOUS DÉJÀ PASSÉ UNE NUIT À LA BELLE ÉTOILE ?

12

NOVEMBRE

7h54 17h15

St Christian

LE PLUS DÉLICIEUX
DES GOÛTERS
DE CETTE SAISON
ET, QUI PLUS EST,
FACILE À EMPORTER
ET À DÉGUSTER,
C'EST LA CLÉMENTINE !

13
NOVEMBRE

☀ 7h56 ☀ 17h13

St Brice

« POUR
QUE CE JOUR COMPTE :
RENDEZ-VOUS
SOUS L'HORLOGE. »

(JACK À ROSE, *TITANIC*, 1998)

14
NOVEMBRE

7 h 57 17 h 12

St Sidoine

OFFREZ UN LIVRE AVEC UNE DÉDICACE DE VOTRE PART.

15

NOVEMBRE

7 h 59 17 h 11

St Albert

AVEZ-VOUS DÉJÀ OBSERVÉ
LA SCULPTURE HELLÉNISTIQUE
LA *VICTOIRE DE SAMOTHRACE*,
REPRÉSENTANT NIKÉ, DÉESSE
DE LA VICTOIRE ? TOUS
LES MORCEAUX DE CETTE SCULPTURE
N'ONT PAS ÉTÉ RETROUVÉS
ET POURTANT, ON DEVINE L'ÉNERGIE
DE SON MOUVEMENT ; ELLE
S'ÉLANCE ET LE VENT
TOURBILLONNE SUR SON VÊTEMENT.

16

NOVEMBRE

8h01 17h10

Ste Marguerite

UNE IDÉE
PEUT CHANGER
VOTRE VIE.
SOYEZ ATTENTIF,
ELLE PEUT SURGIR
À TOUT MOMENT !

17
NOVEMBRE

8h02 17h08

Ste Élisabeth

QUEL EST LE PARFUM
DE FLEUR
QUE VOUS PRÉFÉREZ ?

18
NOVEMBRE

8h04 17h07

Ste Aude

PRÉPAREZ VOTRE CARNET DE VACANCES POUR COMPILER VOS FUTURS SOUVENIRS. À L'AIDE D'UNE CARTE DE VOYAGE EN PAPIER DE LA DESTINATION CONCERNÉE, DÉCOUPEZ-LA ET RECOUVREZ LE CARNET. AVEC DES LETTRES AUTOCOLLANTES, NOTEZ LE TITRE ET PRÉVOYEZ UNE PLACE POUR LA PHOTO EN COUVERTURE.

19

NOVEMBRE

8h05 17h06

St Tanguy

« EN NOVEMBRE, S'IL TONNE, L'ANNÉE SERA BONNE. »

DICTON FRANÇAIS

20
NOVEMBRE

8h07 17h05

St Edmond

ET SI VOUS RÉALISIEZ
VOS DÉCORATIONS
DE NOËL ?
C'EST LE BON MOMENT
POUR UTILISER
VOTRE CRÉATIVITÉ.

21
NOVEMBRE

8h08 17h04

Présentation de la Vierge Marie

VOUS POUVEZ RENDRE
LES GENS HEUREUX RIEN
QU'EN CUISINANT UN PLAT.
LE SECRET DE LA RECETTE ?
LA GÉNÉROSITÉ.

22
NOVEMBRE

☀ 8h10 ☀ 17h03

Ste Cécile

EN JAPONAIS, *AMAE* SIGNIFIE « DOUX ».

23
NOVEMBRE

8h11 17h02

St Clément

« LE SECRET DU BONHEUR
ET LE COMBLE DE L'ART,
C'EST DE VIVRE
COMME TOUT LE MONDE,
EN N'ÉTANT
COMME PERSONNE. »

(SIMONE DE BEAUVOIR,
MÉMOIRES D'UNE JEUNE FILLE RANGÉE, 1958)

24
NOVEMBRE

8h13 17h01

Ste Flora

BINER, BÊCHER, BORNER, SARCLER, BASSINER, TAILLER... PAR TOUS LES TEMPS.

25

NOVEMBRE

☀ 8h14 ☀ 17h01

Ste Catherine

PRENEZ LE TEMPS
DE FLÂNER
DANS UNE LIBRAIRIE
ET DE LIRE LES FICHES
DE LECTURE
ET COUPS DE CŒUR
DU LIBRAIRE.

26
NOVEMBRE

8h15 17h00

Ste Delphine

CONNAISSEZ-VOUS
LES *SMUDGES* ? D'ORIGINE
AMÉRINDIENNE,
CE SONT DES FAGOTS D'HERBES
(SAUGES SÉCHÉES ET PLANTES
AROMATIQUES) QUE L'ON BRÛLE
COMME DE L'ENCENS,
POUR ASSAINIR ET EMBAUMER
LA MAISON. ILS SONT ÉGALEMENT
UTILISÉS AVANT UNE SÉANCE
DE MÉDITATION.

27

NOVEMBRE

8h17 16h59

St Virgile

RAPPELEZ-VOUS,
UN COLORIAGE
BIEN EXÉCUTÉ
FAIT TOUJOURS PLAISIR.

28
NOVEMBRE

8h18 16h58

St Jacques de la Marche

PLUTÔT QUE D'OFFRIR
UN CADEAU MATÉRIEL,
OFFREZ DU TEMPS (PARTAGER
UNE EXPOSITION,
REPEINDRE UN MUR,
LAVER LA VOITURE,
FAIRE DU BABY-SITTING,
JOUER UN MORCEAU
DE GUITARE, ETC.).

29

NOVEMBRE

8h19 16h58

St Saturnin

LE MOIS PROCHAIN,
VOUS ALLEZ POUVOIR FAIRE
ENTRER CHEZ VOUS
L'AMBIANCE
« CHALET ÉCOSSAIS »
OU « CABANE DES LUTINS ».
QU'ALLEZ-VOUS CHOISIR ?

30
NOVEMBRE

8h21 16h57

St André

OFFREZ À L'UN
DE VOS PROCHES
LE PREMIER CHOCOLAT
DE DÉCEMBRE.

1er

DÉCEMBRE

☀ 8h22 ☀ 16h57

Ste Florence

NOUS AVONS REÇU CE MESSAGE D'ALERTE DE PATERNALOPHOBIQUES : « PÉRIODE TRÈS DIFFICILE POUR NOUS, PHOBIQUES DU... (VOUS SAVEZ QUI). NOUS VOUS SUPPLIONS, POUR NOTRE BIEN-ÊTRE, DE NE PAS SUSPENDRE CES PETITS CLÔNES QUI PENDOUILLENT DE VOS FENÊTRES OU ESCALADENT VOS FAÇADES. C'EST UN SUPPLICE DE LES VOIR TOUS LES ANS. MERCI ET JOYEUX... (IMPOSSIBLE POUR NOUS DE DIRE SON NOM). »

2

DÉCEMBRE

8h23 16h56

Ste Viviane

INVITEZ VOS PROCHES
À UN GOÛTER HIVERNAL :
GÂTEAU À LA CANNELLE,
PAIN D'ÉPICES, CHOCOLAT CHAUD,
THÉ, CLÉMENTINES.
VOUS LES SENTEZ
LES SOUVENIRS D'ENFANCE ?

3

DÉCEMBRE

8h25 16h56

St François-Xavier

« ON VOYAGE AUTOUR DU MONDE À LA RECHERCHE DE QUELQUE CHOSE ET ON RENTRE CHEZ SOI POUR LA TROUVER. »

GEORGE MOORE (1852–1933)

4

DÉCEMBRE

8h26 16h55

Ste Barbara

APRÈS LA DOUCHE,
VAPORISEZ VOTRE VISAGE
D'EAU FLORALE À LA ROSE.
SES BIENFAITS SONT RECONNUS
POUR DONNER DE L'ÉCLAT
À LA PEAU ET L'HYDRATER
EN DOUCEUR. PASSEZ ENSUITE
VOTRE SOIN HYDRATANT
EN MASSANT DÉLICATEMENT
VOTRE VISAGE PUIS VOTRE COU,
DE BAS EN HAUT.

5

DÉCEMBRE

☀ 8h27 ☀ 16h55

St Gérald

AVEZ-VOUS UN PULL DE NOËL ?
EN VERSION BONHOMME DE NEIGE,
CERF AU NEZ ROUGE,
RENNES SUR FOND ROUGE,
BOULE DE NOËL GÉANTE,
SAPIN DE NOËL QUI SOURIT...
POURQUOI RÉSISTERIEZ-VOUS ?

6

DÉCEMBRE

8h28 16h55

Nicolas

ORGANISEZ VOS PLACARDS
ALIMENTAIRES
DE FAÇONS À VOIR RAPIDEMENT
CE QUE VOUS AVEZ.
UTILISEZ DES BOCAUX
TRANSPARENTS
POUR Y METTRE VOS INGRÉDIENTS
ET RÉALISEZ
DE JOLIES ÉTIQUETTES.

7

DÉCEMBRE

8h29 16h54

Ambroise

LA NATURE
OFFRE CHAQUE JOUR
UN TABLEAU DIFFÉRENT.

8

DÉCEMBRE

8h30 16h54

Immaculée Conception

« QUAND ON N'A QUE L'AMOUR
MON AMOUR TOI ET MOI
POUR QU'ÉCLATENT DE JOIE
CHAQUE HEURE ET CHAQUE
JOUR. »

(JACQUES BREL,
QUAND ON A QUE L'AMOUR, 1956)

9
DÉCEMBRE
8h32 16h54
St Pierre Fourier

ET SI VOUS ORGANISIEZ UNE ÉCHAPPÉE À VÉLO AVEC VOS PROCHES ?

10
DÉCEMBRE

8h33 16h54

St Romaric

CHANGER SES HABITUDES
C'EST AUSSI SE CRÉER
DE NOUVELLES AVENTURES.

11
DÉCEMBRE

8h34 16h54

St Arthur, St Daniel

VOUS LES ENTENDEZ, LES MOTS DE L'ENFANCE, LORSQUE VOUS METTEZ DES PÂTES ALPHABET DANS VOTRE SOUPE ?

12

DÉCEMBRE

8h34 16h54

St Corentin

VOUS MÉRITEZ
D'ÊTRE ENTOURÉ(E)
ET COMBLÉ(E)
DE FLEURS !

13
DÉCEMBRE

8h35 16h54

Ste Lucie

ENVOYEZ UN COURRIER
À L'UN DE VOS PROCHES.
CHOISISSEZ AVEC SOIN
LE PAPIER, L'ENVELOPPE
ET UN BEAU TIMBRE.
AVEC VOTRE
PLUS BELLE ÉCRITURE,
ENVOYEZ VOS PENSÉES
ET VOS BAISERS.

14
DÉCEMBRE

8h36 16h54

Ste Odile

VOUS PRENDREZ BIEN
UNE TASSE DE THÉ ?

15
DÉCEMBRE

8h37

« BARGUIGNER » :
HÉSITER LONGUEMENT
POUR TOUT ET N'IMPORTE QUOI.
NE PAS RÉUSSIR
À SE DÉCIDER NI À PASSER
À L'ACTION. ALORS,
FONCEZ SANS BARGUIGNER !

16
DÉCEMBRE

8h38 16h54

Ste Alice

LE *KINTSUGI* (JOINTURE EN OR) EST UNE TECHNIQUE ANCESTRALE JAPONAISE QUI PERMET DE RÉPARER UNE CÉRAMIQUE BRISÉE EN SOULIGNANT SES FISSURES AVEC DE LA POUDRE D'OR. L'OBJET RENAÎT ET ASSUME SON PASSÉ ET SES IMPERFECTIONS. IL DEVIENT ALORS UNE ŒUVRE D'ART.

17

DÉCEMBRE

8h39 16h54

St Gaël

AUJOURD'HUI,
QUELLE PERSONNE ÊTES-VOUS :
CELLE QUI CROIT AU PÈRE NOËL,
CELLE QUI N'Y CROIT PLUS,
CELLE QUI EST LE PÈRE NOËL
OU CELLE QUI LUI RESSEMBLE ?

18

DÉCEMBRE

8h39 16h55

St Gatien

LISTEZ TROIS IDÉES QUI VOUS RENDRAIENT LA VIE DOUCE.

19

DÉCEMBRE

8h40 16h55

St Urbain

ET SI VOUS APPRENIEZ UN TOUR DE MAGIE ?

20

DÉCEMBRE

8h41 16h56

St Isaac

« ÉCOUTEZ, SI VOUS SAVIEZ
CE QUE ÇA TOMBE BIEN,
JE ME DISAIS ENCORE HIER SOIR,
QU'IL ME MANQUAIT
QUELQUE CHOSE POUR DESCENDRE
LES POUBELLES. »

(PIERRE, *LE PÈRE NOËL EST UNE ORDURE*, 1982)

21
DÉCEMBRE

8h41 16h56

Hiver • St Pierre Canisius

« C'EST LA GRÂCE
LE BONHEUR.
UNE ESPÈCE DE JOIE DE
VIVRE, C'EST UN CADEAU,
UNE CAPACITÉ
D'ÊTRE HEUREUX
AU FOND. »

AGNÈS VARDA (1928–2019)

22
DÉCEMBRE

8h42 16h56

Ste Françoise-Xavière

SI VOUS PENSEZ ÊTRE
DANS LA BONNE DIRECTION,
ALORS NE VOUS
ARRÊTEZ PAS.

23
DÉCEMBRE

8h42 16h57

St Armand

QUEL CADEAU ALLEZ-VOUS VOUS OFFRIR AUJOURD'HUI ?

24
DÉCEMBRE

8h43 16h58

Ste Adèle

BOIRE UN VERRE
DEVANT UN FEU
DE CHEMINÉE QUI CRÉPITE
EST UN SOUHAIT
RÉALISABLE.

25
DÉCEMBRE

8h43 16h58

Noël

BOUDEZ UN JOUR
MAIS
AIMEZ TOUJOURS !

26
DÉCEMBRE

8h43 16h59

St Étienne

LE BONHEUR,
C'EST LE SILENCE DE LA NEIGE,
UN MATIN AU RÉVEIL.

27
DÉCEMBRE

8h44 17h00

St Jean

QU'ALLEZ-VOUS FAIRE POUR VOUS AUJOURD'HUI ?

28

DÉCEMBRE

8h44 17h00

Innocents

CE QUI EST FAIT
N'EST PLUS À FAIRE !
ALORS DÉBARRASSEZ-VOUS
AU PLUS VITE DE LA CONTRAINTE
QUI VOUS PÈSE DEPUIS
DES JOURS, DES SEMAINES,
VOIRE DES MOIS. VOUS SEREZ
ENSUITE PLUS LÉGER.

29
DÉCEMBRE

8h44 17h01

St David

LE RIZ EST DÉLICIEUX ET LE CIEL BLEU SI BLEU

TANEDA SANTÔKA (1882–1940)

30

DÉCEMBRE

8h44 17h02

St Roger

AVEZ-VOUS DÉJÀ VU UN FILM EN PLEIN AIR ?

31
DÉCEMBRE

8 h 44 17 h 03

St Sylvestre